生きる力を左右する

子どもたちの言語環境

小 川 雅 子

溪 水 社

まえがき

平成十六年三月、私は、言語認識の形成に関わる言語環境の問題に関する研究成果報告書をまとめました。それは、四三五一名の小・中学生と、その子どもたちを指導している二四二名の小・中学校の先生方からの回答をまとめたものです。

子どもたちには、家庭・学校・友人・マスメディアというさまざまな言語環境に対する意識と、自分自身の発話行為に対する意識を十項目にわたって質問しました。先生方には、言語環境としての自己の言動に関する意識、子どもたちの発話行為に対する意識、子どもたちの言語活動の問題とそれに対する対処などについて、十項目にわたって質問しました。

その結果、子どもたちが予想以上にストレスの多い言語環境にさらされていることや、自分の発話行為をよくしたいという願いを強く抱いていることがわかりました。また、先生方への調査では、学習者としての子どもに対する意識がそのまま発話行為にあらわれていることや、授業の成立を妨げる一部の子どもたちへの対応が深刻な課題となっていることがわかりました。さらに、両者の結果を照合させてみて、教師の指導がそのまま反映されている部分と、教師の願いと学習者の願いが乖離している部分が、ともに今後の国語教育の課題として浮かび上がりました。
そこで、本書では、この調査結果をもとに、子どもにとって身近で重要な言語環境としての親や教師が、自らの認識をどのように止揚させていけばよいのか、さらに、誰もが豊かな言語生活を創造していくためには「ことば」についてどのようなことを意識すればよいのかなどについて、さまざまな例をあげながら明らかにしました。子どもと保護者と教師が話し合いながら、家庭・学校・職場・さまざまなグループにおける「ことば」のすがたに目を向けて、人間関係の豊かさとよりよい自己の創造を実現するためのヒントにしていただければ幸いです。

小川　雅子

平成十六年五月三日

目次

生きる力を左右する子どもたちの言語環境

第一章　家庭言語環境の実態と課題

一　家庭言語環境の特徴

家庭言語環境は言語習得の場

私は、平成一四年度・一五年度の科学研究費補助金基盤研究（C）（2）において言語環境に関する調査を行い、小・中学生、四三五一名と、その教師、二四二名から回答を得ました。[1]（調査項目は、巻末に示したとおりです。）その結果を、研究成果報告書『言語認識の形成に及ぼす言語環境の影響と問題点に関する研究』（平成一六年三月）にまとめました。

この調査において、教師への調査項目⑨「子どもたちの発話行為の問題点について」は、回答率が最も高く、小学校教師が一〇〇％、中学校教師が九七・五％でした。この調査項目で、子どもたちの発話行為の問題点として指摘された上位五項目は、次のとおりです。

①　声が小さい　　　　（小学校教師　六四・三％／中学校教師　五九・八％）

② 語彙が少ない　（小学校教師　四五・二％／中学校教師　四五・一％）
③ 語尾が不明確　（小学校教師　五四・八％／中学校教師　三四・一％）
④ 敬語が使えない　（小学校教師　二九・三％／中学校教師　四三・九％）
⑤ まとまりのある話し方ができない　（小学校教師　三五・七％／中学校教師　三六・六％）

ここに指摘されている問題点は、子どもたち個人の問題ときめつけることはできません。なぜなら、これらの問題点は、就学前の子どもたちが、家庭という言語環境における日常生活で母語を習得したことによる必然的な話しことばの傾向だからです。

家庭においては、声が小さくても相手に聞こえれば用が足ります。むしろ、あまり大声を出すと叱られます。また、家庭の会話では、語彙が少なくとも日常生活に支障を来すことは少なく、語尾が不明確だったり話にまとまりがなかったりしても、意味は伝わります。例えば、「お母さん、水！」、または、「水！」と言っただけでも、その時の用途に応じて、コップの水やバケツの水などが目の前に出てくるのが、家庭生活の通例です。

子どもたちは、話し手と聞き手が場面を共有している状況で話しことばを身に付けていくので、話し手のことばの不足は、聞き手の場面理解によって補われて、問題として意識されることがありません。岡本夏木氏は、このようなことばを「一次的ことば」(2)と呼び、学校で意図的計画的に習得することばを「二次的ことば」と呼んで、区別しています。

さらに家庭では、敬語を使わないことも自然である場合が多く、めいめいが勝手に必要を感じた時に口を出すのが家族の日常的な話し方の現実です。

以上のような家庭の会話の現実をふまえて、外山滋比古氏は、母語は「室内語」[3]として習得されると指摘しています。

したがって、子どもたちがめいめいの家庭で母語を習得しているということは、前述したような発話行為の問題点をむしろ当然のこととして身に付けていることになります。この点が、家庭という言語環境の特徴の一つです。

そのため、学校という公的な場面で子どもたちと相対する教師が、子どもたちの発話行為に問題を感じるのは当然のことです。そして、このような現状にこそ、学校教育全般の基底をなす国語教育の役割があります。

家庭方言社会

各家庭での日常会話には、他人には理解できない語彙や独特なコミュニケーションルールがあります。私は、その独自性を「家庭方言社会」と呼んで、実態を考察してきました。[4]

家庭方言社会における多様性をよくあらわしていたのが、テレビのリモコンの呼び名でした。「カチャカチャ」「ポチポチ」「チャンネル変え」「テレビ電卓」「ピッピッ」「ピコピコ」「パッパッ」「パチ子」など、さまざまな呼び方がありました。

ある家庭では「じじ」と言えば水戸黄門のドラマを指し、その番組のある日は「今日はじじが来る」と言うそうです。「手巻き寿司」を「手抜き寿司」と呼ぶ家庭や、納豆をかけたご飯を「豆ご飯」と呼んでいる家庭もありました。

練り歯磨きのことを「ニュー」と呼び習わしていた家庭の子どもは、小学校の宿泊行事でそれが一般的な呼び名でないことを初めて知って驚きました。また、友人の家に泊まったある子どもは、寝る時に「チビ消して」と言われて、何のことかわからずドギマギしたと言いました。「チビ」とは、豆球のことでした。

「お父さん」「お母さん」という呼び名をうまく言えない子どもが、父親を「とー」、母親を「かー」と呼んでいて、いつのまにかそれが家庭の習慣になったという話もあります。「おやすみなさい」が、「バイバイ」と言う習慣になっている家庭もあります。また、子どもたちを一匹、二匹と呼び、「あとの二匹、早くお風呂に入れ！」などのような言い方が日常的になっている家庭もあれば、母親が夕飯の買い物に行くとき「エサを買ってくる」というのが習慣になっている家庭もありました。このように、さまざまに言いかえた家庭方言は枚挙にいとまがありません。

イギリス人のAさんが、初めて訪れる家にパンを土産として持って行ったそうです。すると、夫は妻に、「これ頂いたから、お婆ちゃんにあげて」と言いました。Aさんは、お婆さんはどこにいるのだろう、あんなに大きなパンを一人で食べるのだろうかなどと不思議に思いました。ところが、お婆さんはすでに亡くなっていて、「お婆ちゃんにあげて」は、仏壇にあげてという意味だったことを知り、大変驚いたと言いました。Aさんを驚かせた習慣的なことばは、この家庭独自の問題ではなく、異なった文化的習慣という背景があります。しかし、習慣化された家庭方言によって、子どもの価値観や認識が形成されることには変わりありません。

家庭方言社会は、言語習得の場であると同時に、ことばによって人格が形成されていく場でもあります。しかも、「三つ子の魂百まで」と言われ、「この時期に人生脚本が作られる」と指摘されているように、個人の生涯にとって、最も重要な役割を果たしているのが各家庭独自の言語環境です。

二　家族に言われて嬉しかったことば

子どもが家庭という言語環境で、「どのようなことばを、どのように解釈して、どのような言語認識を形成しているか」ということは、子どもの独自性を理解する上で重要な問題です。その一端を知るために、家族に言われて嬉しかったことばと嫌だったことばについて調査しました。

「家族に言われて嬉しかったことばは、誰からどのような時に何と言われたことばですか」という質問について、まず、発話の内容を九つに分類してみました。上位五項目は、次のとおりです。

① 勉強や部活に関することば (小学生 五三・九%/中学生 五〇・六%)
② 生活態度や行為に関することば (小学生 四四・四%/中学生 二六・八%)
③ 感謝やねぎらいのことば (小学生 四五・〇%/中学生 一九・七%)
④ 励ましのことば (小学生 九・五%/中学生 一四・三%)
⑤ 報酬を与えることば (小学生 一一・六%/中学生 一〇・一%)

また、発話の観点についてみると、子どもの行為や能力を認めて、ほめたり励ましたりすることばが多くありました。次のような回答例があります。

*父親から：本読みしている時、「本の読み方上手だね」と言われた。 (小三・男)
〃 釣りをしている時に、「大きい魚釣ったなあ！」と言われた。 (小五・男)
*母親から：靴をそろえた時に、「えらい」と言われた。 (小五・男)
〃 受験勉強している時、「兄弟（姉妹）の中で一番勉強してるなー」って言われた。 (中三・女)

＊祖父から：宿題をしている時、「がんばりやだな」と言われた。（小四・女）
〃　家の手伝いをやりとげた時に、「よくやったな、えらいぞ」と言われた。（中一・男）
＊祖母から：国語で百点とった時、「国語にがてなのにがんばったね」と言われた。（小四・女）
〃　妹が泣いている時、私が笑わせたら、「泣きやますの上手だね」と言われた。（小五・女）
＊弟から　：宿題を教えた時に、「日本一！」と言われた。（小五・男）

勉強だけではなく日常生活のさまざまな面にわたるほめことばが、嬉しいことばとして受け止められています。兄弟姉妹からのほめことばも、嬉しいことばとして記憶に残っていることがわかります。

バスケットの試合の時に、「お前にかかってるぞ」（小四・男）という父親のことばに込められた信頼と期待が、子どもにとっての励みになったこともわかりました。

失敗して落ち込んでいた時に、「一生懸命なところがいいんだよ」と言ってくれた母親のことばに元気をとりもどした中学生もいました。

また、子どもの存在や行為を対等に認めた、次のような感謝のことばもありました。

＊父親から：田んぼの手伝いをして終わった時に、「ありがとう」と言われた。（中二・男）
＊母親から：肩もみした時、「気持ちいいな」と言われた。（小三・女）
〃　雨が降ってきたので洗濯物を取り込んだ時、「ありがとう」と言われた。（小六・男）
＊祖父から：「お前がいると家の中が明るくなっていいなー」と言われた。（中一・男）
＊弟から　：自分のお金で買ったおかし分けたら、「ありがとう」と言われた。（小四・女）

さらに、祝福のことば、日常のあいさつなどがあります。誕生日に父親から「おめでとう」と言われたことをあげた子どもや、「おはよう」・「おかえり」などの日常的あいさつのことばをあげた子どもが、一割近くいました。遅く帰った時、祖母から「心配したっけべなぁー」と言われて嬉しかったという中学生女子もいました。

発話の内容の九分類のうち八つについては女子の方が高い数値を示していますが、「報酬を与えることば」については、小学生も中学生も、男子が高い数値を示していることは興味深いことでした。父親から、誕生日やクリスマスでもないのに、「ゲーム買ってやる」と言われたことや、祖母から「おこづかいあげる」と言われたことなどです。男子は、ほめことばよりも具体的な報酬を喜ぶ傾向のあることがわかりました。

文脈の大切さ

私は、大学生にも同様の調査をしてみました。すると、小学生の頃に母親から「おかえりなさい」と言われたことを、嬉しかったことばとして書いている学生がいました。この学生は、幼い頃から鍵っ子で、学校から帰っても家には誰もいませんでした。ところが、ある日、お休みだった母親が家にいて、帰宅した彼女を、「おかえりなさい。」と言って迎えてくれました。その時のことばが、大学生になっても忘れられずにいるのでした。母親は続けて、「ケーキあるよ」と言ったそうです。その時の手作りのケーキのおいしさも忘れられないと、学生は書いていました。

この学生にとっては、鍵っ子としてすごした日々がほとんどだったはずです。それなのに、そのさびしい記憶よりも鮮やかに、「おかえりなさい」と言って迎えられた一日のことが、母親のあたたかさの記憶として、今でも残っているという事実に心打たれました。

「おはよう」・「いってらっしゃい」・「おかえり」などのことばを記した子どもたちのアンケートを読みながら、日常生活の平凡なことばの中に子どもたちを生かし勇気づけている文脈があるのだと、さまざまに思いをめぐらせました。

子どもとの関係によって異なる傾向

嬉しかったことばの半分以上は、母親からのことばでした。

また、子どもとの関係で、発話者の傾向が異なっていることが読み取れました。親は、子どもの行為や具体的な努力の成果を認めてほめることが多く、特に母親は、誰よりも具体的なほめことばを発していることがわかりました。父親の場合は、子どもの行為の成果について、取り組みの態度やものの考え方の観点から評価する傾向が認められました。

祖父母のことばには、子どもの存在そのものを認めて喜ぶ言い方になっているものが多いことが特徴的でした。

子どもたちの印象に残っている嬉しいことばは、説明的ではなく端的です。端的なことばに愛情や信頼感を感じ取るので、印象に残っていることばの記述には、子どもたちの喜びや自信が表現されています。そして、自分が認められたことばによって、その行為や態度の良さを意識し、さらに強化している様子がうかがわれました。

「ことば」に出すことの意義

大学生への調査には、次のような回答が多くありました。

＊　小学生の頃、音読の練習が宿題に出されていた。この宿題を毎日やっていた私に、ある日、隣のおばさんが、「昨日のお話の続きが気になるわ。今日も楽しみにしているね。」と言ったのだ。

私は、次の日からそれまでにも増して大きな声で練習するようになった。隣のおばさんは、私の朗読の聞き手となってくれたのだ。聞き手、しかもとても熱心に聞いてくれる人がいることで、私の音読の練習は楽しい宿題となった。

＊　小学生の頃、友だちの家に行った時、脱いだ靴を並べて、来た時と帰る時に友だちの親に挨拶をしたら、「いつも、しっかりしてえらいね。」と言われた。普通の事だと思っていたが、そのことばを言われたことにより、より気をつけてするようになった。

＊　自分が作った料理を家族に食べてもらった時、「おいしい」と言ってもらえたことが嬉しかった。そのことばがきっかけになって、以前は全く興味がなかったのに、最近では料理を作るようになった。

普段、当たり前だと思って何気なく行っていることの良さは、「ことば」で指摘されたとたんに意識されます。すると、その良い行為はただ習慣的に繰り返されるのではなく、主体的にさらに工夫されるようになって、定着するのです。ここに、ほめことばの有効性があります。

また、近所の人、友だちの親など、子どもを取り巻くさまざまな大人の、正直であたたかい一言が、子どもたちの生涯にかかわる自己認識にプラスの影響を与えていることもわかります。このような事実を認識した大人の行為は、豊かな社会生活の創造につながると考えます。

「いてくれるだけで嬉しい」

Aさん夫妻の長男B君は、生まれてまもなく心臓に病気のあることがわかりました。そのため、小学校に入学しても、他の子どもたちと同じように走ったりボール遊びをしたりすることはできませんでした。

それでも父親はB君にボールを買い与え、B君は喜んで公園に行きました。子どもたちは楽しそうにドッチボールをしていましたが、B君は逃げるのに精一杯です。そんなB君の前にボールが転がってきて、B君はそれを拾いました。すると、横にいた一年下の男の子がボールをさっと取り上げて、B君を押し倒して自分でボールを投げました。転んだB君は仲間からはずれて、砂場で一人しゃがんでいます。一部始終を見ていた父親は、B君のそばに行って声をかけました。B君は、「胸が痛いんだ、苦しくなってだめなの」と訴えました。

自分が代わってやることも、癒してやることもできない肉体の苦痛を訴える我が子のつらさを思いやる父親と母親は、切ない気持ちで自分たちに何ができるかを真剣に考えました。そのとき心の底から思ったことばがありました。それは、「B君が、いてくれるだけで、有り難い、嬉しい」という、無条件の愛情のこもったことばでした。

B君が劣等感にうちひしがれそうになっているときに、しみじみと、「B君がいてくれるだけで、本当にお父さんもお母さんも嬉しいのだから」と、気持ちを伝え得たことは、B君の支えとなりました。B君は、精神的に安定し落ち着いてきました。やがて、B君は自ら自分の体を鍛えるようになりました。

中学生になると、母親の心配をよそにクラブ活動でマラソンを始めました。それまでは長時間座って勉強することも体力的に無理だったのですが、体に自信が出てくるようになると、成績は年ごとにあがり、やがて大学に進学しました。大学では、さらに長距離のマラソンに挑戦する喜びを重ねていきました。

こうして自らの肉体の問題を克服したB君は、大学院に進学しました。ところが、大学院での研究は、さまざまな事情が重なって、大変困難なものになりました。一人悩むB君の様子を見かねて、母親は、「そんなに研究に行き詰まって苦しいなら、大学院をやめていいよ」と言いました。

ところが、父親は、「どこに行っても困難は同じだから、何が問題なのかをよく考えて、それを乗り越える方法を一緒に考えていこう」と言い、B君の話を聞きました。そして、人とコミュニケーションをとるのが苦手だったB君に、父親は、パソコンのメールを使って教授に相談するようにすすめ、その内容もアドバイスしました。教授とのラポートがとれて、やるべきことがわかると、B君は研究室に寝袋を持ち込んで研究に集中しました。途中、くじけそうになるたびに、父親は話を聞いてアドバイスをしました。B君は自分が納得できるまでやり、研究の成果を発表しました。すると、共同研究をしている企業の方から「大変しっかりした内容で感謝している」と評価され、このことは大きな自信になりました。

やがて就職活動の時期になると、B君は積極的に会社訪問をするようになりました。受験して不合格の通知が届いても、落ち込むことなく、そこで学んだことを必ず次に生かすという姿勢で取り組むので、母親はそのたくましさに感動しました。やがて、B君の希望する会社に就職が決まりました。B君は、それまでの就職活動を振り返って、「お母さん、僕、人と話すのは苦手と思っていたけど、けっこう人好きなんだということがわかったよ」と、言いました。前向きに挑戦し続けたことで自分に自信がもてるようになったB君に、Aさん夫妻の喜びは深い感謝の心となって、さらに子どもたちを育んでいます。

家庭の言語環境の最も中核は、ことばにならない平凡で自然な雰囲気です。それが、心の底から子どもの存在を喜び、その成長の姿を肯定しているかどうかが決め手になります。すなわち、我が子を他人と比較して見ているのか、比較を絶した存在として子ども自身の成長を見守っているのかの違いです。困難を乗り越える方法を教えるのではなく、子どもの現実を主体にして、一緒に考えていこうとする姿勢です。そして、大人の深い信頼と愛情がにじみ出している雰囲気は、子どもに、医学的な常識を超えた生きる力を発揮させることがわかります。

三　子どもにとって嫌だったことば

「家の人に言われていやだと思ったのは、だれから、どういう時に、何と言われたことばですか。」という質問について、まず、発話の内容を九つに分類してみました。上位五項目は、次のとおりです。

① 勉強や部活に関することば　（小学生　二〇・九％／中学生　六二・二％）
② 生活態度や行為に関することば　（小学生　四九・三％／中学生　三一・五％）
③ ののしりのことば　（小学生　三一・三％／中学生　一一・〇％）
④ 他者と比較することば　（小学生　四・四％／中学生　九・二％）
⑤ 存在を否定することば　（小学生　七・九％／中学生　四・三％）

子どもたちが嫌だと思ったことばの多くが、子どもの現状を否定することばでした。

＊父親から：おもしろいテレビを見ていたら、「お風呂に入りなさい」と言われたのが嫌だった。　（小四・男）

〃　模擬テストの結果が悪かった時に、「どこの高校にも行けない」と言われた。（中三・女）

〃　「お前には無理！」と言われた。（中三・男）

＊母親から：「野球やめろ」「勉強しろ」と言われる。（小五・男）

〃　本を読んでボーっとしていた時、「本ばかり読んでないで、少しは手伝いしてよ」と言われた。（小六・女）

＊祖父から：風呂でのんびりしている時に、「さっさとあがれ！」と言われた。（中二・女）

＊祖母から：「早く寝ろ」「早く起きろ」といつも言われる。（小六・男）

このような否定のことばは、子どもたちにとっては、タイミングの悪いものが多いようです。「勉強しようと思った時に、『勉強しなさい』と言われた。」のように、せっかくやろうと思ったのに、「やれ！」と先に言われたためにやる気が失せてしまうという経験は、多くの子どもたちに共通していることがわかりました。

嫌だったことばを記した文章には、子どもたちの不満や反発の心があらわれていました。子どもたちは、自分の存在や行為を否定することばによって、指摘された行為を改めるのではなく、むしろ指摘した人々との断絶感を深めていくことが多いようです。その断絶感は一様ではなく、子どもによって多種多様です。それによって、子どもが本来もっている良さは、歪曲されて発揮されなくなります。

生涯に生きる「叱ることば」

ある女子学生が、幼稚園の頃、母親に叱られた鮮明な記憶を語りました。

母親が、彼女と弟をつれて買い物に行った時、姉弟は店の外で隣家のサクランボのまだ青い実をもぎ取りながら、母親の買い物が終わるのを待っていたそうです。買い物を済ませて来た母親は、二人が他家のサクランボを取っているのを見ると、「黙ってよそのお宅のものを取るなんて！」、「大事に育てた実がまだ赤くならないうちに取られたら、お家の人は悲しくて残念でしょう！」、「よその家のものを取ったのだから、警察に行きましょう！」などと言って、本当に警察署の前まで車で連れて行ったそうです。

「私と弟は、もうこわくてこわくて、ただワーワー泣いて謝りました。『それでは、あやまりに行きましょう』と、その家に行って、母親が謝ってくれました。その家の人は『いいんですよ』と言ってくれたんですけど、その時は、本当にこわくって、それ以来、もう悪いことは絶対しない！と心に決めて、ずっと今までやってきました。」と、一気に話しました。

このように、叱ることばも即座に適切に与えられた場合や、親が謝っている姿を見た経験などは、子ども自身のその後の人生の指針となります。

子どもたちが嫌だと思うことばは、日常的に繰り返されていることばが多く、叱る大人の口癖のようになっていることばです。子どもの問題点をただ指摘するだけで、そのときの事情や子どもの心の動きを洞察する観点を失い、習慣的に断定的に繰り返される子どもの現状を否定することばは、子どもの意識に催眠術のようにはたらきます。そして、子ども自身が自己否定の自己暗示によって指摘されている問題点を強化して、思わぬ問題行動を実現させる危険性があります。

比較して否定される「ことば」

＊父親から：「△△はちゃんとやっているのに、お前はなんでできないんだ」と言われた　（小四・女）

＊両親から：友だちが遊びに来ている時、「おまえと違って、○○ちゃんはえらいねぇ」と、なぜか比べられた。　（小六・女）

これらの回答のように、なぜ比較されなければならないかが納得いかない上に、比較されて自分が否定されるのですから、子どもの心には不満や反抗心だけが強くなります。

ところが、子どもたちは、前述したように、「お前が兄弟（姉妹）の中で一番勉強してるなー」などと、比較してほめられることばには満足感を味わいます。では、比較することではなく、「否定するか」、「ほめるか」の問題かというと、そうではありません。

重要なことは、発話者の観点が、子どもの価値観や認識を形成するということです。親が、子どもの行為や態度について、「他者と比較」して評価する習慣がある場合、言われた子どもには、「他者と比較して評価される」という対立的概念が形成されます。やがて、自らも「他者と比較して自分を評価する」ようになります。他者と比較して、自分がすぐれていれば優越感を味わい、劣っていれば劣等感を味わうのが日常となって、内容の吟味よりも、他者と比較してすぐれているかどうかだけが、関心の的になって、心の貧しい生き方になります。

したがって、子どもをほめればよい、叱ってはいけない、という単純な問題ではありません。ほめことばはよくて、叱ることばは悪い、と考えるのは、言語記号を主体とする発想です。言語記号ではなく、言語記号を生かして使う人間を主体とすれば、「子どもの、何を、どう指摘するか」という発話者の価値観と認識のレベルが問われることになります。

家庭言語環境における乱暴な「ことば」

家族間でのものの言い方は、遠慮がなく、乱暴なことばが日常的になりやすい面があります。

＊父親から：「この、ばかむすこ！」と言われる。（中二・男）
＊母親から：「出て行け！」と言われた。（小三・女）
〃　けんかした時に、「へりくつ女！」と言われた。（小五・女）
＊兄から：けんかの時、「ばか、死ね、あほ、どじ、がりがり！」と言われる。（小三・男）
＊妹から：けんかした時、「ウザイ」「消えろ」「うるさい」などと言われた。（中三・女）

兄弟姉妹の口げんかは子どもたち自身にとって厳しいもののようですが、中学生では兄弟姉妹から言われて嫌だと思う回答が小学生に比べて少なく、成長とともに、兄弟間の言語環境もわずかながら変容していくことがうかがわれます。

「子どもの頃によくけんかをした兄弟姉妹は、大人になると仲良くなる」とも言われているので、親は、兄弟げんかは社会生活や人間関係の学習をしている、と考えて対処するのも一つの認識であると考えます。

大学の授業で、ある男子学生が、自分の妹は幼いころ太っていたので、いつも「デブ」と呼んでいたが、大学生になった今でも「デブ」と呼んでいるという話をしました。彼にとっての「デブ」

は愛称のつもりであったので、「妹自身がどんなに嫌だと思っていたかなどとは、考えたこともなかった」と反省していました。

このように、自分に悪意がなければ、どのようなことばでも平気で言えるし、言われた相手の気持ちは考えようともしないのが、家族における話しことばの実態です。このことが、時折ニュースで報道されるような、「母親のことばにカッとして、母親を殴って殺してしまった」、「息子のことばにいらだって、首を絞めて殺してしまった」などという事件に発展する可能性を含んでいると考えます。

また、お仕置きで、親が子どもに「出て行け！」と言うのはよくあることのようですが、それについて、言語環境論の授業で、自分の経験を次のように記した学生がいました。

小さい時、妹がお仕置きで外に出されそうになっていた時、私は親がとてもひどいと感じ、全身全霊で、親に、「妹がかわいそうだ。まだこんなに小さいのに！」と、泣きながら訴えました。そうしたら、父と母はそんな私に驚き（いつも妹にいじわるをしてばかりいたので）、話し合いをはじめ、妹が外に出されるのは取りやめになりました。そこで私は、一生懸命に思いを伝えられた達成感のようなものを感じ、小さいながらも「私ってできるじゃん！」と思ったのを、今日、先生の話を聞いて思い出しました。

このような子どもの姿に、家族との時と場に応じた多様な関わりのなかで、さまざまな経験を通して豊かな情感が耕され、独自の認識を形成していく様子がうかがわれます。すなわち、親の子どもに対することばは、その子どもだけではなく、それを聞かないようで聞いている兄弟姉妹の心の中にも、さまざまな影響を与えていることを意識する必要があります。

子どもとの関係によって異なる表現

子どもが嫌だと思うことばについても、発話者による傾向がありました。親は子どもの具体的な行為や態度を否定する場合、性格や存在を否定する言い方になりやすいようです。

また、「理由がわかっているのに、父親から長い時間言われることが嫌だ」(中三・男)のように、わかっていることを繰り返して言ったり、親自身の自慢話や苦労話を繰り返して言う傾向も、子どもたちの成長とともに否定されるようです。

祖父母が孫を否定する時は、「母親への嫌みのように、『こんな寒そうな格好させて!』と言う。」(中三・男)という回答のように、「母親に似て○○なのだから」、「父親があれだから、あんたもしょうがないね」などと、祖父母自身と親との関係を反映させた言い方で子どもに言うことが多いようです。

親でも、子どもを否定する時に、「あんたの性格は、お父さんによく似ている」、「そんなところはお母さんにそっくりだ」のような言い方をする場合があります。そのようなことばに対して子どもは、単に自分が否定される場合よりも複雑な感情を味わって、大人社会に強い反発を感じていく様子が読み取れます。

親の顔がみたい

小学校の教員を退職したCさんは、ともに教員である息子夫婦の近くに住んでいます。まだ孫は幼いので、両親の帰りが遅いときなどは夕食の用意をしに行くことがしばしばあります。ある時、いつものように孫に夕飯を食べさせていると、お嫁さんが帰ってきました。お嫁さんは、夫が出しっぱなしにしている衣類を片づけながら、「本当に、だらしない……、まったく、親の顔がみたい」と、不機嫌な声で言いました。Cさんは驚いて、「親の顔が見たいって言わなくたって、目の前にいるじゃありませんか」と言いました。お嫁さんは、びっくりして、きまりが悪そうに謝りました。

自宅に帰ったCさんは、お嫁さんのことばを思い出すと、だんだん悔しくなってきて、眠れなくなりました。「親の顔が見たいなんて、本人の前でよくも……」などと考えているうちに、ハッと気がついたことがありました。それは、「親の顔がみたい」ということばは、Cさん自身が、若い頃、一度は姑に言いたいと思い続けていたことばだったのです。夫に不平不満を感じるたびに、心の中で、「親の顔が見たい」と繰り返していたのでした。お嫁さんのことばに、かつての自分を見て、Cさんは落ち着かなくなりました。今は亡き姑とのさまざまなことが浮かんできて、慚愧《ざんき》にたえないという気持ちになりました。やがて、お嫁さんに対する反発やわだかまりの心はすっかり消えて、仲良くなりました。

このように、ことばには、解釈主体の認識のレベルによって心情が変化して、多様な現実を創出していく力があります。

Cさんのように、自分の過去を振り返って自分の認識を止揚させる場合は少なく、多くの場合は、目先のことだけを見て考えて、さらに相手との間を貧しくしてしまいます。

四　否定のことばの影響力と解決

容姿を否定することば

子どもたちは、自分の容姿や服装を否定されたことばについても敏感です。何気なく言われたことばでも、その後の子どもの人生に大きな影をおとすことがあります。ある女子学生は、次のような文章を書いています。

　私は、小学生の後半や中学生の頃、母親に「ブス」と言われていたので、それからずっと、なんだかひねくれてしまいました。今でも、とても自信なんてありません。でも、今思うと、母もその頃とても大変だったと思うのですが、そのことばは私の心にとても深い傷を残してしまいました。

前髪を目の上にまで垂らしていた彼女は、授業中に指名されて発言するときの内容はしっかりしているのに、いつもうつむきかげんで遠慮がちな物言いをするのでした。その雰囲気は、幼い頃のこのような経験によって作られたのだと知って、納得しました。そこで、私は、母親のことばを否定するのではなく、

「お母さんのことばで『心に傷を残した』と言うけれど、そのおかげで、あなたは傲慢にも調子者にもならずに、堅実な考え方と謙虚な態度を身に付けてきたではありませんか。自分の意見を発表しているあなたは生き生きとして美しいし、笑顔も本当にかわいらしい。むしろ、今のそういう自分に育ててくれた母親に感謝して、これからは、自信をもっておしゃれをしてごらんなさい」と言いました。

その後、皆の前で彼女のしぐさや発言をほめたことがありましたが、いつのまにか彼女の姿勢が良くなり髪型も変わって、明るい表情で、積極的に発言をするようになりました。しかも、その発言の内容が、だんだん鋭く的確になっていくので驚かされました。このように、現実認識が変われば、それまでのマイナス状態は思考の熟成となって、殻が破れ、大きな飛躍につながることがわかります。

自ら吟味する

認識の変容は、自ら行われることもあります。ある学生は、次のように書いています。

私はよく親から、「あんたは昔から雑だよね」と言われることがあったが、そのことばは自分のことをバカにされているようで嫌だった。最近ではなにか作業をするときなどは、行動する前に、親のそのことばを思い返して、同じことを言われないようにしようと心がけながら行うことが増えた気がする。その結果、親からも少し評価があがったのか、「意外と几帳面なところもあるよね」と言われたりもした。このことを考えてみると、最初の「雑だよね」ということばがなかったら、自ら丁寧に作業するという意識を持つことがなかったかもしれない、と思った。

この事例のように、たとえバカにした言い方や皮肉な言い方だと思う場合でも、受け手の解釈によっては、自らを向上させる契機となることがわかります。したがって、一概に、否定のことばは駄目だとは言えないのが、言語環境の実態です。

「産まなきゃよかった」の影響力

嫌だったことばも、母親からのことばが最も多くあげられていました。嬉しいことばも、嫌だったことばも、母親から言われたことばが一番多いということは、子どもにとっての最大の言語環境は母親であるということになります。

その母親からのことばとして、最も深刻なものが、「産まなきゃよかった」に類することばです。このようなことばを記述している子どもは各学年に数人いますが、中には、母親が小言のように日常的に繰り返している場合があります。

母親にとっては、習慣的なことばとなっていて特に強く否定するつもりのない場合でも、子どもには、最大の自己否定のことばとして刻印されます。「生まれてこなければよかった」という自己否定の観念は自己暗示力となって、さまざまな面で萎縮して能力を発揮できなくなったり、反社会的な行為にはしったりすることがあります。


小学校五年生のある男児は、母親が入院しているために自分も病院から学校に通っていました。その心の不安定さは級友への暴力や授業妨害などの言動となって、担任を悩ませていました。ある時、外泊許可が出て自宅に帰ってきた母親から、「あんたなんか、産まなきゃよかった」と言われて、この男児は包丁を振り回して母親を刺そうとしました。この子どもの場合は、未遂に終わりましたが、現実に事件となる例も増えています。それほど、このことばは、子どもの存在を否定し深く傷つけることばであることがわかります。

この男児の場合は、担任が、その子どもの悲しい本心を受け入れ、隠れている良さを認めて存在に感謝するようなことばかけを心がけていきました。しばらくすると、それまで孤独で辛い環境に置かれていたために、むしろ誰よりもいろいろなことによく気がつき、思いやりの心が深くはたらき、考える力も育っていたことがわかってきました。そのことを母親に知らせていると、いつの間にか、その男児は友だちのけんかをとめたりなぐさめたりするようになり、担任を助けてクラスをまとめる存在となって小学校を卒業していきました。

担任は、この男児を二年間担任したことにより、「どんな問題をあらわしている子どもの姿も、『わかってほしい、認めてほしい、愛されたい』という心の叫びだということがわかった」と述べています。そして、私がいただいた手紙には、

　現実には、集団生活に適応させるため、わがままを叱ったり、行動を規制したりしなければならない場面もあるのですが、子どもを信じる心、しみじみと『かわいいなぁ……』と思う心があれば大丈夫だと思うようになりました。縁あって出会った子どもたち、縁あって同じ職場で力を尽くす同僚たち、一人ひとりの良さを見つけて味わい楽しむために、これまでの出会いや経験があったのではないかと思っております。課題は大きいのですが、子どもたちの心の声を聞いて尽くしたいと思います。

と、記されていました。

ある時、同僚が、「大学を卒業して教員になった教え子のDが、わずか半年で不登校となり、結局、退職してしまった」と嘆いていました。Dさんのことは私も覚えていましたので、彼が在学中に授業で書いたものを見直したところ、子どもの頃から母親に叱られるたびに「お前なんか産むんじゃなかった」と繰り返し言われていたことが書いてありました。幼い頃から深く刻印された自己否定の観念によって、Dさんは、採用試験に合格する能力はもっていながらも、教師として責任ある社会生活を営むことができなかったのではないかと考えました。

このような話を「言語環境論」の授業でしていると、Eさんが、「うちも同じです」と言いました。どういうことか尋ねると、

「僕も、母親から同じことを言われていたんです……もっと、詳しく話した方がいいですか？……でも、そうすると、親の恥になるので……」と言うので、

「今無理に言わなくてよいし、あとで書いてくれたらよいけど、それが親の恥になるかどうか、わかりませんよ」と言って、井上ひさし氏の話をしました。

井上氏は、子どもの頃母親に「男の子なんか産まなければよかった」と言われて、子ども心に「男の子を産んでよかったと言われるようになろう」と思ったことがその後の生き方を支えたそうです。

どのようなことばを選んで、どのような言い方で、何を言うかということは、発話者の価値観や認識のレベルによって異なる個性的な言語表現です。同時に、同じことばを、どのように聞き、ど

のように解釈するかということも、聞き手の価値観や認識のレベルによって異なる個性的な言語解釈となります。したがって、問題は言語環境のみに帰することはできません。どのような言語環境にあっても、個人の認識によって、それを創造の素材とした時に、主体的で個性的な言語生活が実現するのです。

Eさんは、この授業で自分自身の家庭言語環境を検証して、次のように書いてきました。

実の母親に、「生まれてこなければよかった」や、「お前は拾ってきた子だ」などと常に言われていた。これにより、「自分はいなくてもいいのだ」と自然に思うようになった。

父親に算数を教えてもらっている時、父親に何回も間違いを指摘され、それが悔しくて泣きながらやっていると、父親に「もういい、もうお前には期待しないから。」と言われ、ショックを受けた。

食事の用意を手伝うように言われ、手伝うと怒られた。さらに、「怒られたから手伝わない方が良いのだろう」と思い、何もしていないと怒られたことが多々あった。この時、自分は一体どうしたら良いのか分からずにいた。それ以来、言われた事しかしてはいけないと思うようになってしまった。

父親は、自身がやってきた事は当然誰でも出来ると思う人物で、自分はそれについて行く事が出来ずに悩んでいた。ゆえに、「ほめられる事」が第一の目的となり、自分のための勉強ではなく、ほめられるための勉強をしていた時期があった。

以上の理由からかどうかはよくわかっていないが、常に劣等感をもつようになった。

Eさんは能力はあるのに、「自分は一体どうしたら良いのかわからずにいた」というような態度がしばしば見られましたが、この文章を書いただけで、変化があらわれました。自己認識を是正しなければならない方向に気づいただけで、背筋が通って姿勢がよくなりました。別の授業では、わからないことを質問してきた態度を重要な国語学力として評価しました。

次の時間に、他の学生のこともとりあげながら、Eさんが自らの経験を振り返って自分自身を客観的に見つめ直すことができた事実をほめ、すでにEさんの日常の態度が主体的になってきていることを指摘しました。

そして、話し手の内言が外言化されて、受け手の解釈にゆだねられるという、コミュニケーションの経緯を図で示しながら、「生まれてこなければよかった」・「もういい、もうお前には期待しないから。」という記号化された外言は、本当に親の本心であったろうか、と問いかけました。そのことばの裏に、愛しい我が子をよりよくしたいという切ない親心のあることを感じさせていきました。

また、親が本気で、そう思う場合もあることを、歴史上の人物の伝記や身近な尊敬する人の少年時代のエピソードなどをあげながら話しました。そして、「本気で、親に、『もうお前には期待しない』と思わせたということは、親の尺度を超えた人物になる可能性があるということだから、それは見事なことだ」と、言いました。

その上で、交流分析を紹介し、自分自身が、幼い頃からどのような環境でどのような認識を受け入れてきたか、自分の認識は、内在価値感に継続していたか、外在的価値観にふりまわされていたかを、各自検証してもらいました。その時間の終わりに、Eさんは、次のように書きました。

今回の授業内容の一つである外在的価値観と内在価値感の話は、聞いていて胸が痛くなりました。

自分はまさに、「外在的価値観」しか見ていませんでした。「どのようにしたら親に誉めてもらえるか」、「どのようにしたら怒られずにすむか」、そのような事ばかりを考えて学生時代をすごして来ました。今回の授業での話を聞いて、「自分の本当の価値はどこにあるのか」、「自分は本当は何がしたいのか」を具体的に考えていこうという意欲が出てきました。（略）

Eさんの授業態度は積極的になり、目に光が出てきました。親を否定することがなくなって、解釈の観点や自己認識が変化したことは、レポートにもあらわれました。自分の意見がしっかり表現できるようになっていました。

五　認識のレベルを止揚する

交流分析の観点

アメリカの精神科医エリック・バーン（Eric Berne,1910-1970）によって始められた交流分析（Transactional Analysis）では、環境からの影響と自我の形成との関わりを説明し、自己分析と自己改造に役立つエゴグラムが開発されています。私は前著『国語表現力の構造と育成』において、個人の言語活動の源泉である内言領域の構造を解明するために、交流分析を援用しました。その一部を紹介します。(5)

バーンの理論には、「自我状態の構造モデル」・「交流」・「心理ゲーム」・「人生脚本」という四つの柱があります。そして、「人生脚本は、人が幼児期に計画したものであり、人生コースは実際におこることとである。人生コースは、遺伝子や両親の経歴、外部の環境によって決定される。(6)」と、幼児期の環境の重要性を指摘しています。

交流分析の基盤には、次の三つの強調点があります。(7)

①　直観は科学的研究や治療における妥当で効果的な観察の手段であると仮定して、専門医は絶えず自身の直観を客観的な観察と対比して吟味する必要がある。

② 理解することとことばで表すことは異なる。真の理解はことばを知ることよりも、むしろ、どう行動するかを知ることである。

③ 非言語的なシグナルが、ことばとは異なった「本当の」メッセージを伝えることがしばしばある。

バーンの著書では、具体的な事例で対象者に対する観察が些細な動作まで驚くほど詳細に書かれています。これは、西尾実氏のような国語教育の先人の観察力にも共通する観点です。

ところが、バーンについての研究書や解説書では、わかりやすくまとめられた図や用語が、さらに理解しやすい形で再構成されています。そのことが交流分析に対する誤解と問題を生じさせるようになったと指摘されています。すなわち、バーンの研究態度を共有して対象者の内面を鋭く洞察する直観力を養うことが忘れられて、ことばを知ることによってバーンの理論の言語的成果を学ぶという、バーンが否定したことを取り入れたのです。したがって、多様な現実に直面して開拓的に対応する実践力を発揮することは困難になります。

西尾氏も、「現実は、師道の発展を発展として定位することを忘れ、むしろその堕落として展開させている(8)」と、すぐれた先人に学ぶ国語教育の実践が、日常生活を顧みず、言語記号の理解を第一義としている問題を指摘しています。

すなわち、すぐれた実践や事例に学ぶ場合、それらを生み出した態度を共有しなければ効果はあらわれないことを知ることが、大人にとっても子どもにとっても重要な観点となります。

自我状態の構造モデル

バーンはパーソナリティの構造を、脳の器官を想定して図1のように縦に積み重ねられた三つの円で示し、それぞれの心とそれに関連した行為が自然に生じる状態を自我状態として、その構造を図2のように示しました。それぞれの自我状態をあらわす口語的な言い方として、「Parent」（P：親）、「Adult」（A：成人）、「Child」（C：子ども）という用語を使用しました(9)。

それぞれの自我状態のカテゴリーは、次のように説明されています

①　P：ペアレント（親）

目上の家族や親族・先輩・教師など、親的役割をした人たちを真似た一連の感情、態度、行動のパターンです。CP（Critical Parent　批判的親）とNP（Nurturing Parent　養育的親）の二つに分けられます。

CPは、他人の批判や叱責をする傾向があり、自分の価値観を相手におしつけたりします。CPが強くなると、自信過剰で支配的になり、他人のC（子ども）を威圧するような言動がみられるようになります。NPは、同情的保護的で、母性的傾向があり、他人が困っている場合は、親身になって世話をします。

Ｐ（親）の問題点は、内容が本当に善か悪かに関係なく、親的立場の人が判断したとおりに、矛盾した事実もそのまま記録されることです。矛盾した記憶は、実生活に混乱と不安を引き起こし、その結果、成長とともに、親的役割をしていた人たちへの信頼感は失われて、Ａ（成人）によって批判され反抗されるようになります。

親が子に対する最初のＰは、声の調子や表情、撫でたり抱擁したりなどの非言語的な触れあいを通して伝えられ、やがて、言語による伝達が行われるようになります。Ｐの影響がプラスにはたらくかマイナスにはたらくかは、それがどの程度本人に共有されているか、Ａによってどの程度止揚されているか、などによって多様です。

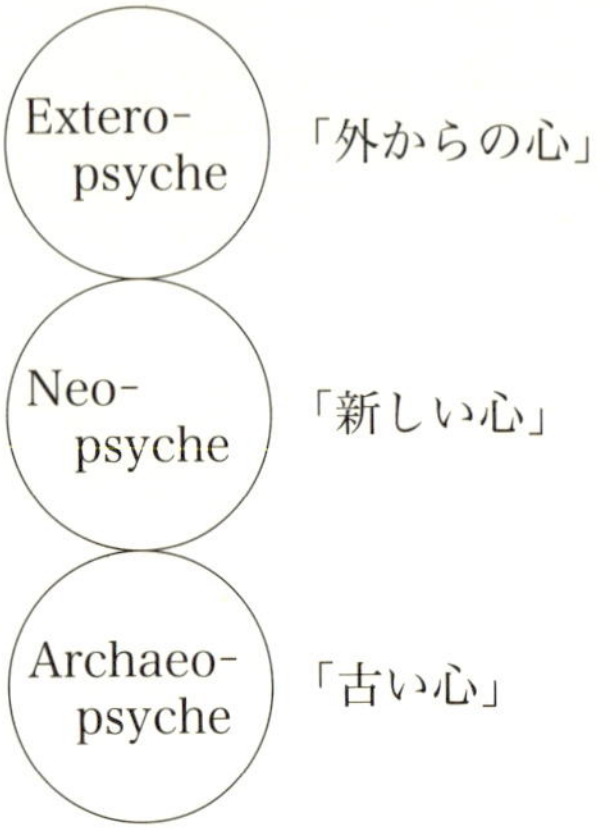

図１　Organs（器官）

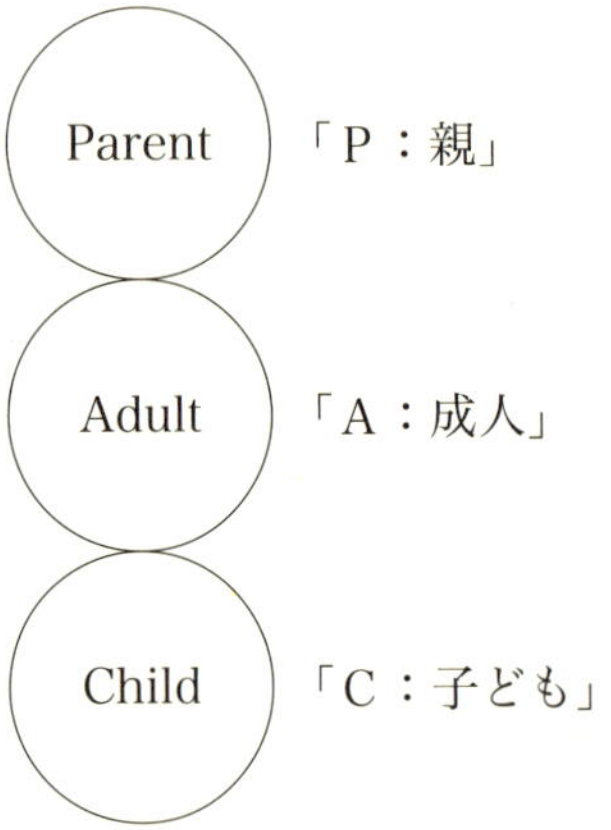

図２　Ego states（自我状態）

②　C：チャイルド（子ども）

個人の幼児期の名残りである一連の感情、態度、行動のパターンです。過去の出来事から感じ取った内容や独自の反応様式が含まれています。Cの自我状態は、FC（Free Child　自由な子ども）とAC（Adapted Child　適応した子ども）に分かれます。

FCは、生まれながらの自然な姿です。本能的・自己中心的で、好奇心や恐怖心、生まれながらにもっている直観力・創造性・空想力なども含まれます。ACは、親的存在の影響を強く受けて形成されます。親的な人の要求に対して、その愛情や信頼を失わないように身に付けたさまざまな反応様式が含まれます。

子どもは多くの場合、FCを犠牲にして、劣等感を抱いたり現実を回避したりしています。この傾向が強くなると、人の顔色を窺ったり思ったことを口に出さないで内向するなどの態度になります。

③　A：アダルト（成人）

現実に適応した感情、態度、行動の自発的一連のパターンと言われています。PやCが、過去の経験から蓄えられたものであるのに対して、Aは心の中で絶えずはたらきながら現在経験されているものです。Aは個人の内にあるコンピューターのようなものでもあり、情報を収集し整理統合し評価して、行動の資料とします。Aは理性と関係し、Pの偏見やCの感情などにひきずられずに判断し思考します。Aによる人格の統合が、交流分析の目的の一つとされています。

自我状態の病理

P（親）A（成人）C（子ども）の三つはくっついて心の全体をなすと同時に、それぞれが独立した状態にあって、一つの状態から他の状態に精神エネルギーが移動します。そこで、このような自我の境界には、三つの中の一つないし二つの内容を除外（exclusion）したり、汚染（contamination）したりする問題が生じます。

「除外」については、P・A・Cのそれぞれが除外されるケースについて具体的な症状が示されています。Pが除外されると、他人に対する思いやりがなく自己中心的な行為になり、極端な場合は反社会的な行為になります。Aの除外は、現実を認識して思考し判断する理性的な働きが停止して、PとCがありのままの姿で現れるので、精神病に近い状態とされています。

「汚染」については、PからAが汚染される場合の代表が、偏見です。CからAが汚染される場合の代表が、子ども時代の経験や感情に支配されてしまう妄想の傾向です。P・Cの両方がAを汚染している状態は、Pに汚染されて自律性が育たず、Cに汚染されて現実性のある思考力に欠けている状態ということになります。

このような自我状態は、能力や学歴に関わりがありません。そのために、自立性が育たず現実性のある思考力に欠けていても社会的に重要な地位につくことがあります。その場合、汚染された自我状態の問題が、組織の目的を失わせる人間関係やシステムを作り、反社会的行為を行うことがあります。情報化時代と言われる現代社会では、このような問題も隠せなくなって、公の問題として裁かれるようになりました。

子どもの場合、自律性が育たず現実性のある思考力に欠ける状態は、「どうして親はもっと自由を認めてくれないのか」、「どうして欲しいものを買ってくれないのか」、「自分はなぜ、すぐれた才能や魅力的な容姿をもって生まれてこなかったのか」などの不満から、反社会的行為をするような事例となってあらわれます。また、普通の子どもや優秀な子どもと思われている子どもたちでも、現代的武勇伝のように万引きなどの反社会的行為を行っている風潮は、まさに、個人のAがPやCに汚染されたり、除外されたりしている状態です。

エゴグラム（機能分析）

エゴグラムは、「自我状態のエネルギーの配分に大きな偏りがあると、心身の平衡状態が乱れ、さまざまな症状あるいは行動の異常が生じる」と想定して、バーンの直弟子であるデュセイ(Dusay J.M.,1977)が創案しました。日本では、一九七三年から九州大学が取り組みをはじめ、「ＥＣＬ（Egogram Check List)」、「ＴＡＯＫ（Transactional Analysis OK)」、「ＴＥＧ東大式エゴグラム」、「ＳＧＥ（Self Grow-up Egogram）」など多種にわたるエゴグラムが開発され、改良を重ねて現在に至っています(10)。

エゴグラムを用いて自己変容をはかるための自己改造のポイントには、「発現を促し、活性化することば」と「発現を妨げることば」、「発現を促し、活性化する態度」と「発現を妨げる態度(11)」が具体的に示されています。すなわち、自己改造の手がかりとして、「ことば」の意図的な選択があり、そのことばを支える「態度」が重要であるということです。

エゴグラムは自己の姿をかなり的確に見せてくれますが、本人の感情が納得しない場合は、自分を知ることはできても、自己の認識を変容させて問題を解決することは困難です。

人生脚本

前述したように、バーンは、「人生脚本は、人が幼児期に計画したものであり、（中略）遺伝子や両親の経歴、外部の環境によって決定される。」と述べています。親によって植え付けられると同時に、自身が思い込んだ信念の基本的態度として、次の四つのタイプをあげています。

①　私はＯＫである。他人もＯＫである。

Ａ（成人）による人格の統合がなされ、交流分析が目標とする健康的な態度です。

②　私はＯＫである。他人はＯＫでない。

「自分を犠牲者や被害者とみなして他人のせいにする」、「人の欠点をことさらとりあげる」、「この世の悪を取り除くことを使命と感ずる」、「自分に都合のよい人たちを身近におく」などが指摘されています。

③　私はOKでない。他人はOKである。

「他人に比べて自分は無力で劣っている」という認識のレベルです。日常生活の中で「自分はOKである」と自認する人と一緒にいると苦痛を感じ、「黙り込む」、「憎まれっ子になる」、「自分を受け入れる親的な人を求めてその言いなりになる」などの傾向になります。

④　私はOKでない。他人もOKでない。

「人間への不信感が強く、人生は無価値なもの」という認識のレベルです。病的な徴候のある場合は、医師にゆだねることになります。

①の態度は、自分の内在価値感に継続した認識のレベルと考えます。

②の態度は、親や教師の指導意識にも存在する認識のレベルです。自分自身についてはOKだと思っていても、周囲の人々については「OKでない」と思うので、日常的な人間関係に不平不満が多くなり、結局、安定した言語生活は実現しません。

③④のように、子どもの頃思い込んだ「私はOKでない」という、感情の記憶そのものは打ち消

すことはできません。けれども、態度は変えることができると言われています。したがって、人間は自己の経験をどのように認識するかという観点から、子どもと共通の立場で吟味し合える古典の不易性に継続した日常生活の談話が求められます。

幼児期に親的立場の人から与えられる認識は生涯にわたって影響を及ぼし、基本的な生活態度として自他を「ＯＫ」と認識しているかどうかが現実的に個人の人生を左右する鍵となります。特に、最も身近な親に対する意識がＯＫでない場合の問題は深刻です。

Ｆさんは、成長とともに、父親の問題点が目についてロをきくのもいやになりました。Ｆさんの父親は、常に立派な正しいことを言って家族を叱ったり、長々と説教したりするのが好きでした。さらに、職場の同僚の悪口を言っては、気分次第ですぐに仕事を休むので、職場も度々変わりました。Ｆさんは、「他人《ひと》には立派なことを言うくせに、自分は仕事もせずにごろごろしていて……」と、すっかり父親を軽蔑するようになりました。ところが、やがて社会人になったＦさんは、就職したばかりの職場で早速自分の正しさを主張して上司や同僚を非難し、何かにつけて対立することが多くなりました。Ｆさん自身は、上司や同僚の間違いを正しているつもりで、ますます強固な態度をエスカレートさせるので、周囲の人たちは、若いＦさんの態度にすっかりまいっている様子でした。

Fさんの話を聞いていると、「この前上司とやりあった」、「同僚が私をけ落とそうとたくらんでいる」、「仲間をけしかけていたけど、私が成績を上げたので、何も言えなくなった」などの発話の中に、父親の口癖である「やりあう・たくらむ・けしかける」などが頻繁に出てきます。Fさんは、自分で気付かずに、あれほど嫌っている父親とそっくりの言動を繰り返していたのです。

これは、特別な例ではありません。親に似た子どもの話や、担任に似てくる子どもの話は日常的です。

Gさんは、幼い頃から叔父に可愛がられていました。Gさんが中学生の時、その叔父さんが自殺をしました。借金が原因だったそうです。その後、Gさんの父親は体をこわして、仕事をよく休むようになりました。多感な年頃のGさんは、自宅で寝ていることの多い父親に対して、借金に苦しむ叔父を助けなかったことや満足に仕事もできない日常を烈しく非難しました。やがて他県の大学に進学し、「これで、大嫌いな父親から離れて生活できる」と、のびのびした気持ちで大学生活を始めました。それは、傍目《はため》にはいかにも青春を謳歌《おうか》しているように見えました。ところが、一年ほどすると、アパートに引きこもるようになって、大学に出てこなくなりました。Gさんは、「家に閉じこもっていて働かず、男としてだらしない」と批判していた父親と同じような生活態度になってしまったのです。その後、Gさんは、ふとしたことで知った本や人に勇気を与えられて、ひきこもりから立ち直り、就職難の時代にもかかわらず自分の希望の職場に巣立っていきました。

Gさんの父親に対する「OKでない」という思いは、無意識に自己否定の観念を形成していましたが、考え方が変わって父親に対する共感と理解が芽生えてきたら、父親をOKであると認識できるようになりました。そのとき自ら、「私もOK」という認識になり、その結果、さまざまな心理的ストレスが解消して、本来持っていた能力が発揮できるようになったと考えられます。

FさんやGさんのように、若さの特権でもある正義感や純粋さが、親を批判するようになることは一般的です。しかし、その認識が創造的にはたらかないと、「自分が否定した親とそっくりのことを行うようになる」というのは、動かし難い理《ことわり》のようです。それは、親がどうであるかに関係なく、「OKでない」と否定する認識のレベルが、自分も同じ認識のレベルであるということであり、そのために、問題点が「よくわかる」「感じてしまう」ということです。

認識のレベルを止揚するということは、「他者はOKではない」という認識が、「他者はOKである」という認識になることでもあります。そのときはじめて、「私はOKである」という認識が日常生活に一貫した態度となります。この認識のレベルにおいて、誰のどのような行為に対しても、単なる批判ではなく、創造の原理を見抜く「目」が育ちます。したがって、どのような境遇にあっても、芸術的な人生を豊かに創造する活動ができると考えます。

日本で交流分析を最初に心身医学的療法に活用したと言われている池見酉次郎氏は、自身の切実な体験や西田哲学から「東洋的自我」をめざして禅の英知を取り入れました。すなわち、「P」・「A」・「C」を観察する一段上の自我、「S（セルフ）」の概念を加えて、交流分析を再構成したのです。これは、西尾実氏が中世までさかのぼって言語生活の態度を吟味し、「人間存在の根源的なあり方に立脚した新しい」国語教育学を構想した認識にも共通します。

すなわち、人類の種的先天性の存在に目を向け、言語が記号化される以前の「ことば」の主体である内在価値感情の次元を、人類の独自性を成立させている根源として認めたということです。個人が、日常生活において、本来持っている可能性を十分発揮することができるようになるためには、不易な「理《ことわり》」を求めて歴史を遡って共有する観点が必要不可欠であると考えます。

西尾氏は、ラスキンがスコットとターナーの作品制作の態度について論じた、次の文章を引用しています。

人間の魂が此世で為す仕事の内の最も大きな仕事は何物かを「見る」こと、そして「見たこと」を平明に語ることであるといふ結論が益々染々と心に銘じて来る。語ることの出来る人千人に対し、考へることの出来る人一人、考へることの出来る人万人に対し見ることの出来る人は一人である。明らかに見ると言ふことは詩であり予言であり、宗教である――

—又其全部である。（傍点、訳者）

（ジョン・ラスキン著、澤村寅二郎訳『美術と文学』有朋堂大正二年四五七頁）

ラスキンの「見る」という行為の真意は、単に肉体的な目で見ることではなく、心眼という感覚を通して感じ取る見方です。それは、バーンの「絶えず自身の直観を客観的な観察と対比して吟味する必要がある」という指摘に通じる見方であり、見たことを平明に語ることの重要性は、ことばと心が乖離しない表現の重要性をさしています。

しかも、見ることの内容には多用なレベルが存在します。例えば、周囲の景色や人々の言動など、私たちは、見たつもりで実はよく見ていないことに気付くことがあります。さまざまな観光情報があふれている現代では、概念的な美しさが日常感覚になっているので、徒然草の「月はくまなきをのみ、見るものかは。……」（第一三七段）のように、身近な美しさを探して見る力が重要です。それは、芸術性や公共性、衣食住などに関わる感覚を育てます。具体的には、食材の鮮度の見極めや、他者への思いやりの心などにもなって、自己の生涯を心豊かに健康に生きる力となります。

第二章　学校言語環境の独自性と教育力

一　教室方言社会の教育力

私は、小学校一年生の国語の授業を継続的に参観したことがありました。しばらく通っているうちに、各教室には、参観者には理解できないけれども、教師と学習者の間には通じ合っていることばがあることに気がつきました。

例えば、田村真理子と鈴木真理子は、「たまりちゃん」・「すまりちゃん」と呼びわけられていましたし、教師は机の列を号車で呼び、「一号車の人は教科書を開いて、二号車の人が質問します」という指示で学習活動が進んでいました。「糸はって！」は、「糸をはるように姿勢を正せ」の意味であり、「今日のマルメとマルケをノートに書きましょう。」という指示のマルメは、「め」の字を○で囲んだ記号で「めあて」のこと、マルケは、「け」の字を○で囲んだ記号で「けっか」のことでした。

このように、教室には、独自な子どもの呼び方、普通でない言い方、省略語や独自の記号、応答のルールと罰など、第三者には理解できない独自の語彙やコミュニケーションルールが存在していたのです。私はそのような教室の言語環境を、「教室方言社会[12]」と名付けて、その実態を考察しました。

教室方言社会のコミュニケーションルールは、授業の効率化には有効です。複雑な指示でも、一言でいえるからです。さらに、クラス外の人には理解できないことばを使うことによって、「仲間意識」を強化することができるので、クラス運営にも有効です。

一方、教室方言社会のコミュニケーションルールは、「隠れた言語指導のカリキュラム」となって、実感に根ざした言語教育を行っています。多様な省略語や新しい記号を作る能力を育てるだけではなく、教育目標とは異なる多様な価値観を形成しています。例えば、罰として、「漢字練習」や「掃除」を課す習慣は、学習者に、「漢字練習や掃除は、罰としてやるものだ」という言語認識を形成しやすくなります。その言語認識は、「漢字練習」や「掃除」ということばを聞いただけで拒絶したくなるような心理的傾向を生みだします。すなわち、授業において意図的計画的な国語教育が行われる一方で、日常の教師と学習者のコミュニケーションを通して、国語科の目標とは乖離した多様で独自なことばの教育が行われていたのです。

そこで、学校や教室という言語環境に対して、小・中学生がどのような意識をもっているかについても質問しました。

二　先生に言われて嬉しかったことば

学校の言語環境としては教師の発話に焦点をあてて、先生から言われて嬉しかったことばと、嫌だったことばについて調査しました。

教師に言われて嬉しかったことばは、ほんの一言で、教師自身も忘れているようなことばがほとんどでした。小学生では「勉強や部活に関することば」（小学生五五・一％／中学生二七・三％）が多く、中学生では「行為や態度に関することば」（小学生四二・九％／中学生六四・二％）が多いのが特徴的でした。

教師のほめことばもさまざまですが、まず、現状をほめることばかけがあります。

＊授業中：アイディアを言ったり質問したりした時に「賢いね」と言われた。（小４・女）
＊〃　「泳ぎの形がとてもきれいです」と言われた。（小４・男）
＊〃　「このクラスは返事がいいね！」と言われた。（小５・女）
＊〃　「その集中力えらいぞ！」と言われた。（小６・男）
＊〃　歌が、「学年で一番うまい」と言われた。（中２・女）

＊村の音楽会：ピアノの伴奏をした時、他の学校の先生に「じょうずだね」と言われた。（小6・男）

子どもの努力を認めることばもあります。

＊掃除の時間：「まー、廊下きれいになったね。」と言われた。（小3・女）
＊授業中：「計算早くなったね」と言われた。（小4・女）
＊〃「このごろ忘れ物少なくなって良いな」と言われた。（中2・男）
＊休み時間：「このごろ成績あがっているね」と言われた。（小5・男）

性格をほめる表現もさまざまです。

＊授業中：「先生が男だったらあなたのようなお嫁さんがいいな」と言われた。（小4・女）
＊家庭訪問：「〇〇（自分の名前）は、学校で困っている人のめんどうをよく見てくれて……」と言われた。（中3・女）
＊面談：「人間性としてすばらしいものをもっている」と言われた。（中3・男）

次のような対等なものの言い方も嬉しいことばとして書かれていました。

＊授業中：体育の時間、「お前にバトミントンで勝てねー」って言われた。（中3・男）

＊放課後：「ケガ早く治せよ、お前いないとやっぱりキツイ」と言われた。　（中２・男）

教師から仕事を依頼されることばや、感謝されることばもありました。

＊休み時間：「これ○○して」と言われて、係の事をやるときに、頼りにされていると思った。　（小４・女）

＊放課後：「遅くまでお疲れさま」と言われた。　（小６・女）

＊　〃　装飾物を作り終えた時、「ありがとう。頼んでよかった」と言われた。　（中３・女）

教師の励ましのことばは、「積極的（な性格）だから、自信をもってがんばれ」（小五・男）のように、現状肯定に基づいているとき、喜ばれることがわかります。また、足をケガしたことのある女子中学生は、毎朝校門で生徒を迎える校長先生から、「大丈夫か？」「だいぶよくなったね」などと声をかけられたことを書いていました。

心から親しさを示すことばも嬉しいようです。教師にあだ名で呼ばれたことを書いている子どもも数人いました。

教師のほめことばについては、自分のクラスがほめられたことばを記述している回答がいくつもありました。学校社会で、「自分」の意識が「クラス」にまで広がっていることがわかります。

忘れられないことばの影響力

教師に言われたことばは、子どもの記憶に強く残るようです。例えば、小学三年生の男子が、一年生の時に「算数名人」と言われたことや、幼稚園のお泊まり会で「ふとん運ぶのじょうずだね」とほめられたことなどを書いているように、子どもたちは、何年も前の一言を実によく覚えています。教師の一言が、忘れられないことばとなって生涯を支える、という事例は伝記などにもよくありますが、その記憶は幼稚園にまでさかのぼります。

大学生に対する同様の質問でも、幼稚園のときにご飯とおかずを交互に食べていることをほめられてから、今も食事のマナーには気をつけていると答えた学生がいます。また、

小学生の時に、保健の先生に「のりこちゃんは歯がとってもきれいだね」と言われて以来、歯磨きをしっかりするようになった。

と書いている学生がいました。大人は、ともすれば、「虫歯が多いのだから歯磨きをしっかりしなさい。」のように、問題点を指摘して改善の指示を出すことが多いのですが、効果をあげるのは、「現状の良さを指摘して、意識させることである」という現実に、謙虚に学ぶ必要があると考えます。

また別の学生は、

小学校の低学年の頃、先生から「努力家だね」と言われてから、自分は今までそれ程努力し

ていなかったのだが、何に対しても努力するようになった。

と書いています。ことばによって指摘されると、それが意識化されて具体的な指針となる。これがことばのもつ力であります。

ところが、最近、先生方の研究会に参加していて、「ほめてはいけない」ということばをよく聞くようになりました。アドラーの心理学を紹介した講演や助言で得た知識が、「ほめてはいけない」、「ほめることは競争心を助長させる」などの断片的なことばに集約されて、実践をめぐるキーワードになっているようです。

ある授業研究会で、公開された授業について参観した先生方が共通して指摘していたことは、「先生が子どもをほめすぎていた」ということでした。その発言の意図を尋ねると、「先生が子どもの発言にいちいち反応していた」、「先生は黒子に徹するべきだ」、「この前の先生は、子どもが発言している時、子どもに背をむけてひたすら板書していたので、子ども同士の話し合いが盛り上がった。あのようにした方がいい」などの答えが返ってきました。このように、教育の現場は時代の流行に大きく左右されていることがわかります。一つの方法を示すことばが広く浸透すると、次の時代は正反対にいたるまでの異なった方法がもてはやされるようになって、授業研究は、子どもの現実よりも方法主体に傾く傾向があります。

しかし、今回の調査で、個人の生涯に価値的方向性を示すことばとして生きているものを考察すると、個人の心に何がどのように刻印されているかということが、本質的な問題であることがわかります。ほめことばでも、他者と比較したり、大人の価値判断を押しつけたりしたことばは、外在価値を志向する認識を強化します。これに対して、個人の先天的個別性に継続した良さを指摘した場合は、その意識化は主体的な実現力を発揮することになります。

したがって、「ほめること」が良いか悪いかという方法的な問題ではなく、何をどのように認めているのかという、認識のレベルの問題を考える必要があります。そして、子どもの生涯に生きる内在価値感を呼び覚ます適切なことばかけができるように、教師自身の洞察力と直感を磨く必要があると考えます。

三　先生に言われて嫌だったことば

先生に言われて嫌だったことばは、小・中学生ともに「行為や態度に関することば」が五十％前後で最も多く、二番目は、「勉強や部活に関することば」(小学生一七・五％、中学生二八・七％)でした。

子どもが嫌だと思う教師の発話には、教師対児童・生徒という対立感情にたったものの言い方があります。例えば、次のような回答例があります。

授業中に言われたことば

＊「こんな問題もわからないの」と言われた。（小四・女）

＊忘れ物をしてしまった時、「四年生失格です。一年生に行ってください」って言われた。（小四・女）

＊テストで悪い点とった時、「もっと勉強してくださいよー」と言われた。すごくがんばって勉強したのに……人の気もしらないで。（小五・女）

＊「遅いねー、もっと早くしなさい」と言われた。（小六・男）

＊聞かれて考えていたら、「無視するな！」って怒られた。（小六・女）

＊「お母さんが国語の先生なのに、なんでそんなに漢字が書けないの」と言われた。（中一・男）

＊ちゃんとやっているのに、「まじめにやりなさい」と言われた。（中一・女）

＊小学校の先生に皆の前で、「お前っていやらしい人間だなあ。」と言われた。（中二・女）

授業中以外の場面で言われたことば

＊分からないことを聞きに行って、「簡単じゃないか」と嫌そうに言われた。（中三・女）

＊私は何も関係ないのに、「おまえも罰掃除しろ。」と言われた。（中三・女）

＊やってもいないのに、「やったのか」と聞かれた。後で真犯人が見つかった。（中三・男）

＊部活で失敗した時、「やる気がないなら出て行け、コノヤロー！」と言われた。（中二・男）
＊三、四人いたのに、私にだけ、「○○を仲間はずれにしていないか？」と言われた。（中一・女）
＊すれ違って、あいさつをしたら、「○○くん」と、名前を間違えられた。（中三・男）
＊「親に電話するぞ」と言われた。（中三・男）

なかでも、教師が誤解して言ったことばについての子どもたちの記述には、抵抗感があふれていました。この報告書を読んだ指導主事のM氏からの手紙にも、次のような一節があります。

報告書の中でも心に残っておりますのが、「先生に言われて嫌だと思ったことば」のうち、「誤解」に関わるものが、家族に言われた場合よりも割合が高くなっている点です。自分の記憶でも、単に叱られたことより、誤解されたと感じた時の方が、後々まで鮮明です。教師は、子どものことをすっかり分かっているつもりで接すると、見えなくなることが多いと感じました。

教師の誤解に対して、子どもたちには誤解を解く機会が与えられないことが多いので、誤解されて否定されたことばは、教師に対する不信の感情とともに長く記憶に残ることになります。

また、他者と比較して否定されたときの発話もありました。

＊作品の発表をしているとき、「前のクラスの人のほうが上手だったね。」と言われた。（小六・女）

＊「二年生より一年生のほうが立派だ」と言われた。（中二・男）
＊「△△ちゃんは、すごいね、皆も見習いましょう」と言われた。（中三・女）
他者と比較して否定されることばは子どもの自尊心を傷つけるので、教師の意図に反して、子どもには教師に対する反発心だけが刻印されやすくなります。

深刻なのは、教師の乱暴なことば遣いです。
＊「バカ二人組」、「赤ちゃん」と呼ばれる。（小六・女）
＊担任が友だちに、「命落とせ！」「お前の存在が邪魔！」と言っていた。（中二・女）
＊「うせろ！　出て行け！」と言われた。（中三・男）
＊「忘れ物したら、ただじゃすまねーぞ」と言われた。（中一・男）
＊「お前らは、その程度の人間なんだ。」「お前たちになんて教えたくない」と言われた。（中二・女）
この他にも、授業中に皆の前で「ばかたれ！」・「アンポンタン」・「ばかか、お前は！」などと言われたことばがありました。しかも、この欄の文字は、そのほとんどがていねいにしっかり書かれているので、子どもたちが真剣に訴えている気持ちが伝わってきます。
教師のことばには、他者に向けられたことばでも、子どもたちは敏感に反応しています。一人を叱った場合のことばは、その内容やことば遣いの適否がクラスの子どもたちにもさまざまな、しかも、深刻な思いを生じさせていることがわかります。特に、中学生に対しては、教師の方に、「威圧的な言い方をしなければ効果がない」という思い込みがあるためか、乱暴なものの言い方は日常的のようです。そのため、一部の生徒に向けられた存在を否定する乱暴なことばが、他の生徒に「こわさ」を感じさせていることが、同じような回答が複数あったことからも明らかになりました。

子どもの容姿や服装に関する発話も、子どもたちにはまじめに受け止められて嫌がられていることがわかりました。教師は軽い気持ちや冗談のつもりで言い、その場では子どもたちの笑いを受けても、言われた子どもの心には深く残っている場合があるのです。

小学生に対しては尊敬の対象になることが多い教師の自慢話も、中学生にとっては反発の対象になりやすいことがわかりました。

嫌だったことばの記述には、教師から理解されない切なさが文章の端々にあらわれていて、どのように自分が否定されようとも、教師のことばは無視できず、その重さをじっと受け止めている子どもの姿が浮かびます。子どもたちは嫌だと思ったことばを、実によく記憶しているのです。子どもの心に深く残ったことばは、それが肯定的でも否定的でも、生涯にわたって何らかの影響を与えていることがうかがわれます。

また、子どもは発達とともに、教師の発話にあらわれる教師自身の価値観や認識の問題を鋭く観察し、批判するようになっていることがわかります。しかも、言語環境としての教師に対する反発や批判は、子ども自身の学習意欲を減退させ学習を阻害することになりやすい問題をはらんでいます。したがって、言語環境としての教師が、子どもたちとどのような人間関係を結ぶかということは、学校教育における重要な課題になります。

四　同僚から見た教師のことば

調査項目⑧「職場における教師の話し方やことば遣いについて、感じていることを書いてください。」に対して、小学校の教師には、子どもに対する「命令口調」の話し方を指摘した回答が一番多く、中学校の教師には、子どもに対する「ことば遣いが乱暴になりやすいこと」を指摘した回答が一番多くなっていました。

また、小学校の教師には、目的や場に応じた話し方など、学校生活全般にわたって話し方やことば遣いの問題が意識されていることもわかりました。

調査結果を見た中学校の校長や教頭からは、教職員のことば遣いの乱暴さを嘆くとともに、それをどうにもできない組織運営の難しさが指摘されました。

ある中学校では、部活指導の教員のことばの乱暴さにおびえた生徒が学級日誌にそのことを記して、担任に打ち明けました。担任は教頭に相談しましたが、結局、問題は立ち消えになり、解決は生徒自身にゆだねられました。すなわち、生徒は「先生より大人になって」、教師の現状を受容していかなければ学校生活がなりたって行かない立場に立たされているのです。

このような場合、第三者の指摘によって、その教師のことば遣いや口調が改められることがあれば、生徒にとっての言語環境は良くなり、安心して学校生活が送れるようになるでしょう。しかし、問題はそれで解決するわけではありません。学校という言語環境が整ったとしても、やがて社会に出れば、乱暴な言い方をする人、そっけなく冷たい言い方をする人、いつも不機嫌にものを言う人など、さまざまな人々とかかわっていくことになります。したがって、そのような人々を、固有名詞で感情的に否定するだけでは問題の解決にはなりません。マンウオッチングの目を鋭くして、「ことわざ」などの不易性に照らして、創造的な人間研究の素材にする認識を成立させていくことが重要です。

創造的解釈

ある時、「〇〇先生は、私たちの発表に対してどうしてあんなに毒のある言い方で指導するのだろう」と、十人ほどの学生が口々に話していたことがありました。学習者のこのような教師否定の認識は、学習に対する意欲や能力の発揮に大きく影響しますので、解決しておくことが必要です。私は、学生たちに、その教師の話を録音して文字化するようにアドバイスをしました。学生たちは、早速やってみました。そして、文字化された文章には教師の悪意あることばがないことに気づき、皆、驚きました。

そこで、「当然のことを指摘しているだけの発話が、皆に毒のある言い方に聞こえたのはなぜか」について話し合いました。その過程で、学生の問題点を容赦なく指摘する別の教師について、「なぜあの先生はあんなにズケズケと言うのに皆から好かれているのだろう」という話が出てきました。そして、話しことばには、話す人の気分や雰囲気が語調となってあらわれたり、表情や仕草がことば以上の内容を伝えることを納得しました。

その上で、実際に悪意のある言い方をされた場合でも、それをどのように受け取って応答するかは、国語教育の重要な内容であり、自己の生涯を豊かにするか貧しくするかの分かれ目となる大問題であることを、私自身の経験も話しながら確認してもらいました。

やがて学生たちのその教師に対する反感は解消し、むしろ、そのような経験を与えられたことが就職の面接試験に役立ったと言う学生や、積極的にその教師の研究室に質問に行く学生がでてきました。私は学生たちの認識と態度の変化に感動し、何事も現象的な是非善悪の判断で裁かなければ、すべては豊かな創造活動の素材であることを再確認しました。

五　叱り方は方法ではない

私は大学院生の頃、掲示板を見忘れて、修士論文発表会のための説明会を欠席したことがありました。翌日、事務の方から「担当のH教授のところへ謝りに行きなさい」と言われました。H教授は、学生や院生たちから「仏のH先生」と言われるほど温厚でおだやかな先生でした。私はすぐにH先生の研究室に行き、頭を下げました。すると、H先生は驚くほどの大声で、「君は、大学院生にとって一番大事な行事を何と心得ているか！」と、おっしゃいました。その剣幕に心の底から驚いた私は、うまく謝ることもできず、すっかりしょげて帰りました。

大変ショックを受けたこの経験を機に、私は、計画や予定の重要性を意識するようになり、必ず掲示板を見ることや、予定を忘れないように書き留めたり主な出来事は記録することなどを心がけて、手帳の使い方を工夫するようになりました。現在の仕事でもこの感覚と手帳の活用法は役立っています。

ところで、あの時、説明会を欠席したのは私だけではありませんでした。H先生の研究室を出た私は、これから謝りに行くという同期生のIさんとすれ違いました。思わず私は、「H先生、厳しかったよ」と声をかけました。ところが、しばらくして戻ってきたＩさんは、「Ｈ先生は怒ってなかったよ。『誰にでも間違いはあるから、これからは気をつけなさい』って、ニコニコして言われたよ」と言いました。それを聞いた時、「私はなんて運が悪いんだろう」と、漠然と感じました。

しかし、後年振り返って、あの時、Ｈ先生がおだやかにニコニコして注意してくださったら、私はあれほどのショックは受けなかったので深い反省は行われず、同じようなミスを何度も繰り返していたに違いないと思いました。「仏のＨ先生」と呼ばれていた先生だからこそ、全身全霊で叱ってくださった迫力は、私の意識を変えました。もしかしたら、Ｈ先生の方が、後味の悪い思いをなさったのかもしれないと思います。私は、「厳しく叱られたことは、実は本当に、運が良かったことなのだ」と思うようになりました。

この経験を意識してから、「効果的な叱り方」という方法があるのではなく、眼前の学習者に対して、学習者に嫌われてもよいから、最も適切なことばを、いつ・どのように言うかという、学習者を熟知した教師の瞬時の直感的判断が重要だと考えるようになりました。

良さが見えたら叱る

学生時代、附属養護学校のＮ先生から聞いた話です。

名人と言われた植木職人が庭の剪定を頼まれたが、タバコを吸いながら庭を眺めているだけでなかなか仕事を始める気配がない。そこで、「そうやって、どの枝を落としたらよいか考えているのですか？」と質問したところ、「どの枝を落とすかを考えるのではない。周りの木を見ながら、どの枝を残すか眺めているのだ」と答えたそうです。

N先生は、「子どもを叱る場合も同じだ。その子どもの個性的な良さが見えてきて、すなわち、どの能力（枝）を残したら良いかが分かった時に、初めて叱ることができる。」とおっしゃいました。この話は、深く私の心に残りました。

拙著『「生きる力」を発揮させる国語教育[13]』において、卒業が難しいと思われた学生が、認識が変わって自らの能力を発揮できるようになった結果、卒業も就職もできた事例を紹介しました。その先輩にあこがれていたJさんは、自分も同じようにほとんど単位をとっていませんでした。Jさんが三年生になって、私の研究室に所属した時は、特別に指導を要する学生として、私は彼の現況の報告書を提出しなければなりませんでした。Jさんが四年で卒業できる可能性は、ほとんどないように思われました。

ゼミがはじまると、Jさんは、無断欠席や遅刻を重ね、友だちが発表している時はそれを聞かずに自分の作業に専念し、皆が議論していると関係ないことを隣の学生に話しかけて中断させ……と、やりたい放題に見えました。ゼミでそのような態度をとる学生はいませんでしたので、思わず声を荒げたくなったことが何度もありました。その瞬間、「自分にはJの良さが見えているか」という反省がおこり、何も言わずに、Jさんの言動を観察する日々が続きました。

ある時、Jさんは、「この前レポートで徹夜して、翌日のK先生の授業では、一番前の席で眠ってしまいました。先生が何回か起こしたみたいだけど、全然気がつかなくて、終わったら研究室に呼ばれました。『すいませんでした』と謝ったんですけど、先生が許してくれなくて、『お前は、あいう態度を人間としてどう考えているのか！』と言われたので、思わず、『一週間に一度しか会わない先生に、人間としてどうかなんて言ってほしくねぇ！』と叫んで、出て来てしまいました。それで、K先生の授業には出られなくなって、必修なのに単位がとれません。」と、言いました。他の学生たちは驚きの声をあげ、私も唖然としました。

そこで、「『一週間に一度しか会わない先生に、人間としてどうかなんて言ってほしくねぇ！』と言うのなら、私は、あなたの指導教官にはなれませんねー。だって、私が毎回話していることは、『人間としてどうか』ということだし、テキストに書いているのも『人間とは何か』『私とは何か』という問題が大事だってことですから。言ってみれば、私の授業は、『人間としてどうか』ということしか話していないことになるんだけれど……」と、言いました。

Jさんは、「でも、先生の場合は違うじゃないですか」と、困ったような表情で答えました。「何が違うのでしょう……」と、さらにたたみかけていく様子を、他の学生たちもおもしろそうに聞いていました。私は、他の学生たちにとっても最良の教材であると考えて、Ｊさんが K 先生という固有名詞にかかわる出来事と思わなくなるまで、このような問答を二・三週間繰り返しました。

やがて、Ｊさんから K 先生に対する抵抗感がやわらぎ、私にもＪさんの正直な感覚の良さがわかるようになりました。自己中心と思われた態度も、考えすぎたやさしさのなせる業であることが感じられるようになりました。

ある日、Ｊさんは、友人のトラブルに巻き込まれて警察に行くと連絡してきました。問題が起こって本人が困っているということが分かり、「Ｊと話し合うチャンスだ！」と思いました。警察から戻ったＪさんとの話し合いで、私は、Ｊさんの良さを指摘し、その良さをくらませているＪさん自身の考え方の問題を厳しく指摘しました。Ｊさんは納得してくれました。

それからは、必要に応じて率直に叱れるようになりました。Ｊさんは、「先生、僕は、このゼミがおわると結構へこたれているんですよ」と言いながらも、少しずつ態度が変わってきました。授業への取り組みにも現実度と熱意が出てきました。K 先生に対する態度も変わり、その変容ぶりに、K 先生をはじめ先生方が丁寧に指導してくださいました。

二月末、卒業単位を満たしたと報告に来たＪさんは、それを伝えた時の両親の反応を嬉しそうに話しました。これまでの経験で、問題と思われる学生ほど、親思いの子どもである場合が多い、と感じていましたが、Ｊさんも実に親思いの学生でした。ただ、親を敬愛すればするほど、「自分には親のような能力がない」という思いが強くなって、それがさまざまな問題に見える言動をひきおこしていたのでした。その内言領域が見えてきた時、私自身の心にも、Ｊさんに対する尊敬と感動の念がわいてきて、適切な叱り方の直感がはたらくようになったのです。

Ｊさんと一緒に学んだ学生たちも、彼の型破りな生き方に隠れた良さを感じ、互いに認め合う喜びを語りながら卒業していきました。

この事例のように、学習者に切実な問題が起こって、自分でもどうしたらよいかわからなくなっている時が、学習者と話し合うチャンスです。学習者の意識に刻印された自己否定の観念や優劣に対する感情が問題の根源になっていることが多いので、切実に困った出来事を通して、外在価値観にとらわれた認識のレベルを吟味するのです。それを通して、自分自身の本当の気持ちを大切にすることに自信を持たせると、今の自分に必要だと思われることに抵抗なく挑戦するようになり、学習にも集中できるようになります。すなわち、学習者自身が本当に困って問題から逃げ切れなくなるまで待つこと、その時が学習者の本音をただすチャンスであり、そこで疑問を解決することが、本来の能力を発揮させることになるので、「叱り方は、方法ではない」ということです。

地域や家庭が、どのように最悪の学習環境であっても、眼前の学習者にとって最も重要な言語環境は教師です。したがって教師は、学習者の隠れた真意を洞察することと、自分自身の発話について敏感になることが必要です。同時に、どれほど配慮したとしても、個人言語体系は、個人方言によって成立しているので、認識や心理的傾向の違いで、相手を傷つけたり誤解を生じさせたりすることは避けられません。私自身も、学生から「先生に○○と言われたので○○しました。」などと言われて、「そんなこと私は言ったおぼえがないのに……」と驚いたことが幾度かあります。

このような、日常生活のコミュニケーションの実態を子どもたちに気付かせて、自分の発話が正反対の意味に解釈される可能性のあることや、自分も他者の発話を正反対に解釈する可能性のあることを、現実の経験をもとにしながら意識させておく必要があります。そして、たとえどのように不快な言い方をされても自分自身を見失わない態度を養う認識を育成しておくことが、言語環境としての教師がなすべき重要な教育内容であると考えます。

第三章　友だち・メディアの言語環境

一　友だちに言われて嬉しかったことば

小学生では、「行為や態度に関することば」が五〇・九％と最も多く、二番目は「感謝のことば」で二一・一％でした。中学生では、「勉強や部活に関することば」が三六・〇％で最も多く、二番目は「感謝のことば」で二〇・〇％でした。特に「勉強や部活に関することば」については、小・中学生ともに、男子が女子を上回っていたことが特徴的でした。

友だちから認められたりほめられたりしたことばとして、次のような記述がありました。

＊遊んでいる時、「〇〇はアイディアマンだから、いろいろ言って」と言われた。（小四・女）

＊「〇〇ってやさしいよね。」と言われた。（小四・女）

＊授業が終わった時、「おまえ、すごいな。」と言われた。（小六・男）

＊力仕事をした時、「すげー」って言われた。（小六・男）

＊遊びに行った時、自分が着ている服を「かわいい」って言われた。（小六・女）
＊プールの授業で、「うまく泳げるようになったね。」と言われた。（小四・女）
＊サッカーをしている時、シュートが決まって「ナイスプレー！」と言われた。（中一・男）
＊「おまえって、見かけによらずいいやつだ」と言われた。（中二・男）
＊授業中、「頭いいな」と言われた。（中三・男）
＊髪を切った時、「カッコイイ」と言われた。（中三・男）
＊皆で話している時、普通に話していたら、「かわいい」と言われた。（中三・女）

友だちから認められて嬉しいことは、勉強やスポーツなどが他人にすぐれていることだけではなく、性格や容姿など全般にわたっています。大人から言われる以上に自信につながったり、認めた者と認められた者の信頼関係を深めたりする契機になるようです。

友だちに言われて嬉しいことばには、次のように、互いに存在を認め合い友人関係を確認し合うことばの多いことが特徴的でした。

＊休み時間に、「遊ぼっ」て誘ったら、「ありがとう」って言われた。（小四・女）

＊合唱発表会の伴奏に立候補した時、「応援してるよ」と言われた。（小四・女）
＊いじめられている時、（かなり前）「やめなよ！」と言ってくれた。（小五・男）
＊掃除の時、「掃除、大変でしょ。手伝ってあげる」と言ってくれた。（小五・女）
＊誕生日に、「お誕生日おめでとう」と言ってくれた。（小五・女）
＊話している時、「〇〇ちゃんと一緒にいると楽しいね。」と言われた。（中一・女）
＊休み時間に、「サッカーしよう！」と言われた。（小六・男）
＊バスケでいっぱい怒られた日、「また、がんばろう。」と言ってくれた。（小六・女）
＊相談した時、「気にすることない！」って言ってくれた。（中二・女）
＊友だちが泣いている時、励ましたら、「いつもありがとう」と言われた。（中三・女）
＊部活でつらい時、「みんなでやろうよ。お前一人で悩むな！」と言われた。（中三・男）
＊「〇〇ちゃんに出会えてよかった」と言われた。（中三・女）

このようなことばには、互いに存在を認め合い補い合って社会生活を営むことを喜ぶ姿があります。このようなことばを媒介として、人間は、よりよい社会生活を志向していきます。

大学の保健管理センターで行ったアンケートの、「大学生活で最も有意義だったことは何か」という質問で、一番多かったのが、「友人ができたこと」という回答でした。同時に、「友人ができない悩み」を相談にくる学生は、年々増えているそうです。幼い頃からの友だちとの関わり方が、生涯の問題になっていることが推察できます。

二　友だちに言われて嫌だったことば

小学生では、「ののしることば」(四八・〇%)が最も多く、二番目は「行為や態度に関することば」(二四・八%)でした。中学生では、「行為や態度に関することば」(三九・九%)が最も多く、二番目は「ののしることば」(二九・一%)でした。

具体的な行為や欠点などについて言われたことばには、次のような記述があります。

＊グランドを走ってた時、「走るの遅いねん」と言われて嫌だった。(小三・男)
＊ちょっと間違えただけで「サイアク」と言われた。(小四・女)
＊うまく言えなかった時、友だちに、「トロイヤツ」と言われた。(小六・女)
＊給食の時、「ゴリラみたいにリンゴ食べてる」と言われた。(小六・女)
＊へたくそで悩んでいる時、「へぼいね」と言われた。(中一・男)
＊「お前って男好きだよねぇー」と言われた。(中一・女)

＊遊んでいる時、「メガネきもいんだよバーカ」と言われる。（中一・女）
＊友だちに平気で、「デブ」とか「顔デカイ」とか言われて、本当に泣きそうなくらいショックでした。（中一・女）
＊「ばかじゃないの」、「お前、頭わるーい」と言われた。（中二・男）
＊友だちがテストの点数を言ってる時、自慢してるみたいでちょっと嫌。（中二・女）
＊テストが返ってくる時、「頭いいね。」と言われる。（皮肉っぽく）（中三・男）
＊冗談などを交えながら話していたら、「最低！」「最悪！」と言われた。（中三・女）
＊「出っ歯」って言われる。（中三・女）

友だちに言われて嫌なことは、能力や行為、性格や容姿など、さまざまです。友だち関係をめぐっても、次のような記述がありました。

＊「おめーい、うぜーんだけど、消えちまえ」と言われた。（小三・男）
＊二年生の人に「ばばあ」と呼ばれて嫌だった。（小三・女）
＊「おまえのせいでサッカー負けただろう」と言われた。（小三・女）
＊休み時間に、「お前こっち向くな」と言われた。（小四・男）

*給食の時、「牛乳とストロー持って来い」と命令された。（小四・男）
*「デブ」、「ブタ」と呼ばれる。（小四・女）
*「死ね」、「消えろ」、「あっち行け」、「変態」と言われた。（小四・女）
*話しかけた時、「うるさい。お前はだまってろ」と言われた。（小五・男）
*「やーい、負け犬やーい。殺すぞ」と言われた。（小五・男）
*けんかしていて謝ろうとした時、「フン。あっち行って！　お前の顔なんて見たくもない！」と言われた。（小五・女）
*「△△（友だち）を無視しよう」と言われた。（小五・女）
*「くそチビ」と呼ばれる。（小六・男）
*けんかしている時、「おめえなんてこのクラスにいらねーよ、死ね」と言われた。（小六・男）
*私がしゃべっている時、「あっそ、勝手にすれば」と言われた。（小六・女）
*ちょっとしか聞こえないけど、「○○さんには、秘密ネッ」と、私の事を秘密で話していた。（小六・女）
*「あんたのことを嫌いな人一杯いるよ」とか言われて、すごく頭にきた。（小六・女）
*自分が言ったことに対して「はぁー？　ばっかじゃないの」って言われる。（中一・男）
*部活の時、「あんたは別にいなくていいよ」と言われた。（中一・女）

＊何も言わないのに、「別の学年の先生にチクッタ」と言われた。（中二・女）
＊もめている時、「死ね」と言われた。（中三・男）
＊当たり前のことをしたのに、「ムカツク」と言われた。（中三・女）

また、具体的なことばは書かれていませんが、「言われていやなことを、みんなの前で大声で言われること。」（中一・女）・「休み時間に、自分の名前を入れたかえ歌を歌われること。」（中三・女）・「家族のことや親の職業などをしつこく聞かれること。」（中三・女）などの記述もありました。

習慣的なことば

「バカ」・「死ね」・「ウザイ」などや、見下したような相づちの「はぁー」は、多くの子どもたちの回答に共通していることばです。子どもたちは、自分の不快な気持ちや、相手との感じ方や考え方の違いを的確に表現することばを持っていないので、「バカ」・「ウザイ」・「消えろ」・「死ね」などの誰もが簡単に言えることばが習慣的になっています。

無視されたり、バカにされたり、存在を否定されたり……、子どもたちは、さまざまな友人関係の中で、容赦のないことばをあびせられ、厳しい言語環境でストレスを感じています。そして恐らく、子どもたちは、言われて嫌がりながら、自分でも同じようなことを友だちに対して言っていることが推測されます。

そこには、単に、「乱暴なことば遣いはしないように」、「友だちを傷つけないように」と言ってきかせるだけでは解決できない、しかも、親も教師もどうにもできない一面があります。すなわち、このような子どもたちの言語活動は、将来の社会生活へむけての重要な教育内容を含んでいると同時に、時代に応じて常にあらわれる教育上の課題です。

このような場合、どのような考え方があるのでしょうか。私自身の経験を振り返ってみます。

温故知新

私は、中学時代に、温故知新という孔子のことばを教えられました。「ふるきをたずねてあたらしきを知る。先にならった事を研究して新知識を会得すること。」という、読み方と意味は分かりました。しかし、どうして、「温故」の文字が「尋古」ではないのか、なぜ、「故をフルキ、温をタズネテと読むのか？」という理由が納得できずに悩んでいました。それまでは、「新しい知識を得るためには、最新の勉強をしなければならない」と教わり、「その通りだ！」と信じて勉強していたので、「古いことを知らなければ、新知識を会得できない」と指摘する「温故知新」のことばが、ショックだったのです。

それまでの私は、「ことばの読みと意味が分かれば勉強ができた」と思っていたので、何も迷うことなく、勉強に励むことができました。しかし、一度、「ナゼ」という疑問を持つと、それが納得できない間は、心に落ち着きを失ったままでした。私の両親は信仰深い生活をしておりましたので、「神や仏をたずねて」というのなら生活感情として納得できるのですが、「どうして古いことをたずねて新しいことが分かるのか？」ということは、次のように具体的な疑問が強くなるばかりでした。

＊縄文時代や戦国時代を研究すれば、未来の新知識が本当に得られるのか？

例えば、縄文時代の人々が、「古い時代の人々の事を調べていた」という形跡は感じられず、現状をどうするかや近隣の新知識を求めて進歩し発展してきたように思われました。

＊火打ち石の原理から現在の発火装置を発明したというのか？

例えば、木を摩擦させて発火させたことや火打ち石などを研究して、マッチやガスライターの発火装置を知り得たとは思われず、相互関係が浮かんできません。

このように、温故知新に関わる具体的な事柄は、みな否定的に思われました。さらに、温故知新の意味を、先生や友人に聞いてみると、「そのように書いて、そのように読むのだから」と辞書のとおりの内容を繰り返され、さらに質問すると、「しつこいね」と敬遠されました。それでも諦めずに言うと、高校時代の親友からは、「あなたの頭の中をかきまわして、その固い頭を柔らかくしてやりたい！」などと言われる始末でした。

さらに、温故知新の疑問の延長で、「私とは何か、人間とは何か」、「人生の価値とは何か、何が真の喜びか」などの問題が浮かんできました。大学生になると、精神分析に関する本が面白くなって読みあさりました。池見酉次郎氏の心身医学や時実利彦氏の脳に関する研究などは印象深く読み返していました。

また、宗教に関する本も感動しながら読んでいくのですが、読書や思考吟味の結果は、やはり疑問の強化にしかなりませんでした。「汝の敵を愛せ」と言ったイエスを神と崇める弟子たちによって、宗派争いがおこり人々が殺し合いをした歴史的事実は、キリスト教のみならず、多くの宗教組織に共通している問題だと感じられてきました。原典を素直に読むと、「宗教組織における指導者の、信者に対する神のようなふるまいや指導意識は、宗教思想の真実に反しているのではないか」という疑問が強くなりました。

徐々に、人間にとって最も重要なのは、知識や学歴よりも「思想・認識である」と、意識するようになりました。大学での卒業論文のテーマは、温故知新ということばが気になっていたまま、日本では最も古い古典と言われているというだけの理由で、『古事記』を選びました。しかし、古事記研究の内容は、中国の文献や古事記筆録以後の文献が主体となった文章表記に関することや日本書紀などと関わる新旧の論などが中心で、神名・語義・文意は不明なものが多く、研究をまとめる観点が定まらずとまどいました。

それにしても、なぜ、このように温故知新にこだわるようになったのかを振り返ってみると、小学校へ入学するまでの中心的な生活環境である母親の実家での生活に思いあたりました。商売に忙しかった両親は私を実家に預け、祖父は、いつも私を山や田畑の仕事に連れて行きました。私は、祖父が土を耕し、種をまき、草を取って、間引きなどをしているのを見て、そのたびに「何しているの」と聞きました。いろいろと仕事の話を聞かせてくれるのですが、分かるはずありません。ところが、幾年か仕事と収穫までの仕事を見ているうちに、時折、仕事の因果関係が直感的に分かる場合があって、そのときのことばは祖父母を驚かせ喜ばせました。その雰囲気の中で、難しいことばはわからなくても、耕す作業にはたらく理を察知するようになり、やがて、店で野菜などを見ていると、値段のことよりも、作物が収穫されるまでの手だてが浮かんでくるようになっていました。

ですから、『国語教育の根幹』に記したように、友人たちに導かれて出会った附属養護学校のN教諭からは、まったく独自の古事記解釈による教育実践を経験させられ、西尾氏の言語生活を地盤とした国語教育としての解釈ができるかどうかが、今日までの実践の課題となりました。そして、この調査結果にあるような「改めようとしても、なおらない」という子どもたちの問題も、さかのぼって自身の認識のレベルの検討が行われない限り解決はないと、実感するようになりました。温故知新という観点にたって古典の不易性にさかのぼり自分自身の認識のレベルを検討する、という具体的な事例として、次のようなことがあります。

避けられない経験

ある年の冬、降りしきる雪の中で、帰宅しようと駐車場に停めていた車の雪を下ろしていたとき、三年生のLさんが寄ってきて、「相談したいことがあるんですが……」と言いました。「今日はもう遅いから、明日でもいいかしら？」と気楽に答えて、様子を見ると、普段と違って深刻そうでした。そこで、すぐ研究室で話を聞くことにしました。

Lさんが、言いにくそうな様子でようやく話したことは、交際していた女性に失恋した、ということでした。「その女性も、その女性の新しい恋人も友だちなので、つらい胸の内は誰にも言えず、勉強もアルバイトも手につかない状態で……」という話でした。彼女の名前は言えないと言いながら、これまでの経緯を話すLさんを見ながら、私は、自分が知らなかったLさんの一面に新鮮な驚きを感じました。

友だち同士の関係では、互いの好意が互いに傷つけあうことになったりする場合があります。時には、悪意で行う行為よりも残酷なことになっている場合もあります。Lさんの話を聞きながら、忍ぶ心の深さを通して認識を止揚させるまたとない機会だと思いました。

そこで、絶望的になって何も手に着かないときはどうしたらよいか、「天の石屋戸開き」の話をしました。天照大御神が、天の石屋戸に籠もったために世の中が真っ暗になりました。そこで、「なぜ籠もったのか……」、「そのとき、神々はどうしたのか……」ということは、「私たちが絶望の極みに陥ったときに、どうすればよいのか、という「理《ことわり》」を示した比喩的表現である」という観点から、古事記を解釈してきた内容を、次のように話しました。

（原文の読みは『日本古典文学大系(14)』の読みを基本にし、《　》に国宝真福寺本の文字を記しました。太安万侶が書いたときの訓み方は誰にも分からず、古来さまざまな読み方と解釈があります。私の場合は、西尾氏の指摘した、言語生活を地盤とした国語教育の観点から、多様な訓みと解釈を参考に、そのときの自分に最も適している解釈の訓み方をして、その内容を吟味するようにしています。）

『古事記』神話には、太陽神の天照大御神が、天の石屋戸に籠もったために世の中が真っ暗になったときの話が、次のように書かれています。

故是《かれここ》に天照大御神見畏《みかしこ》みて、天《あめ》の石屋戸《いはやと》を開きて、刺《さし》《判《わかち》》許母理坐《こもりま》しき。（中略）万の妖《わざはひ》、悉《ことごと》に発《おこ》りき。是を以ちて、八百万《やほよろづ》の神、天安《あめのやす》の河原に神集《かむつど》ひ集ひて、高御産巣日神の子、思金神《おもひかねのかみ》に思はしめて、常世《とこよ》の長鳴鳥を集めて鳴かしめて、（中略）伊斯許理度売命《いしこりどめのみこと》に科《おほ》せて鏡を作らしめ、玉祖命《たまのおやのみこと》に科《おほ》せて、八尺《やさか》の勾璁《まがたま》の五百津《いほつ》の御須麻流の珠を作らしめて、天児屋命《あめのこやねの》、布刀玉《ふとだまの》命を召して、（中略）占合《うらな》ひ麻迦那波《まかなは》しめて、天の香山の五百津真賢木《いほつまさかき》を、根許士爾許士《ねこじにこじ》て、上枝《ほつえ》に八尺の勾璁の五百津の御須麻流の玉を取り著《つ》け、中枝《なかつえ》に八尺鏡《やあたのかがみ》を取り繋け、下枝《しづえ》に白丹《しろに》寸手《きて》・青丹寸手《あおにきて》を取り垂《し》でて、此の種種の物は、布刀玉命、布刀御幣《ふとみてくら》と取り持ちて、天児屋命、布刀詔戸言《ふとのりとごと》祷《ほ》き白して、天手力男神《あめのたぢからをのかみ》、戸の掖《わき》に隠り立ちて、天宇受売命《あめのうづめのみこと》、（中略）天の石屋戸に汙気《うけ》伏せて踏み登杼呂許志《とどろこし》、神懸り為て、胸乳《むなち》を掛き出で裳緒《もひも》を番登《ほと》に忍《お》し垂れき。爾に、高天の原動《とよ》みて、八百万の神共に咲《わら》ひき。

是に天照大御神、怪しと以為《おも》ほして、天の石屋戸を細めに開きて、内より告りたまひしく、「吾《わ》が隠《こも》り坐《ま》すに因《よ》りて、天の原自ら闇く、亦葦原中国《あしはらのなかつくに》も皆闇けむと以為《おも》ふを、何由以《なにのゆえにか》、天宇《あめのう》受売《ずめ》は楽《あそび》を為、亦八百万《やほよろず》の神も諸咲《もろもろわら》へる」とのりたまひき。爾に、天宇受売白言《まを》ししく、「汝《いまし》命《みこと》に益して貴き神坐《いま》す。故、歓喜《よろこ》び咲ひ楽ぶぞ」とまをしき。如此言《かくまを》す間に、天児屋命・布刀玉命、其の鏡を指し出だして、天照大御神に示せ奉る時、天照大御神、逾奇《いよよあや》しと思ほして、稍《やや》戸より出でて臨み坐す時に、其の隠り立てりし天手力男神、其の御手を取りて引き出す即ち、布刀玉命、尻久米《しりくめ》縄を其の御後方《みしりへ》に控き度して、白言《まを》ししく、「此れより内にな還《かへ》り入りそ」とまをしき。故、天照大御神出で坐《ま》しし時に、高天の原も葦原の中っ国も、自ら照り明《あか》りき。

天照大御神が、なぜ天の石屋戸に籠もったのかを考えるには、古事記本文頭書の解釈が重要になります。

天地初めて発《ひら》けし時、高天の原に成れる神の名は、天之御中主神《あめのみなかぬしのかみ》。次に高御産《たかみむ》《座》巣日《すひの》神《かみ》。次に神産巣日神《かみむすひのかみ》。此の三柱の神は、並独神《みなひとりがみ》と成り坐《ま》して、身を隠したまひき。（筆者：並《ならぶ》独神《ひとりがみ》成《な》り坐《ま》して、隠身《かくりみ》也。）

次に国稚《くにわか》く浮きし脂《あぶら》の如くして、久羅下那州多陀用弊流時《くらげなすただよへるとき》、葦牙《あしかび》の如く萌《も》え騰《あが》る物に因《よ》りて成れる神の名は、宇摩志阿斯訶備比古遅神《うましあしかびひこぢのかみ》。次に天之常立《あめのとこたちの》神。この二柱も亦、独神と成りまして、身を隠したまひき。（筆者：隠身也。）

このように記した当時の人たちの認識が共有されなければ、「理《ことわり》」の理解は困難です。自然環境を生活の主体として生きていた人々にとっては、「何々の木に何々の実がナル」、「子どもが大人にナル」などのように、種的先天性に宿る造化のはたらきが、「現れ・成り・新生・発展して成る」ことを実感していたと考えます。

すなわち、古事記で言えば、本文のはじめに記されている、「天之御中主神」の種的隠れ身の命が、「高御産巣日神」（根のはたらき）となり、「神産巣日神」（樹木のはたらき）となり、三神は有機的に交流しながら、「種的先天性の無限の未知の可能性である隠れ身の命」を表現していると考えるのです。したがって、「高御座巣日神」と「神産巣日神」のはたらきは、名を変えたり、「その子○○」として幾たびか出てきますが、「天之御中主神」は、宇宙の万物を生成している根源の「遺伝子的な隠れ身の命」であるから、はたらきや姿は一度もあらわれないし名前も出てきません。それは、私という命の本質（天之御中主神）は、私の肉体・私の持ち物・私の能力などとなってあらわれるが、「肉体が私・持ち物が私・能力が私」とは言わない。すなわち、私の本質は、現象創造の源泉である、人間の命・感性・想像性・芸術性などだからです。しかもそれは、民族や氏族の貴賤、個人の優劣、心身の障害などに関わりなく、誰もが平等に人間の尊厳性として、生まれながらに持っているものです。しかしその本質や力量は、認識によって多様に異なった表現がなされます。

さらに言えば、見立てた目的に向かったとき、クラゲナスタダヨヘル時を経た試行錯誤の中から創造の芽が萌え騰がるというのが、古事記に一貫した「理《ことわり》」です。それは、神世七代の記述の後に、

是に天つ神諸《もろもろ》の命以ちて、伊耶那岐命、伊耶那美命、二柱の神に、「是の多陁用弊流《ただよへる》国を修め理《つく》り固《因》め成せ。」と詔りて、天の沼矛を賜ひて、言依《ことよ》さし賜ひき。

と、記されていることにもつながります。ここでは、「天神諸命」は、「別天《ことあま》つ神・神世七代に成りました十七柱の天つ神、それぞれの命・はたらき」を具体的に表現活動をしていく理《ことわり》を、伊耶那岐命、伊耶那美命、二柱の神に「言依さした」と解釈しなければ、不易な理《ことわり》の真実が見えてきません。

さらに、伊耶那岐命が黄泉国から逃げて来た時の禊ぎ祓いによって、「三はしらの貴き子を得」て、

天照大御神に賜ひて詔りたまひしく、「汝命《いましみこと》は、高天の原を知らせ。」と事依さして賜ひき。（中略）次に月読命に詔りたまひしく、「汝命は、夜の食国《おすくに》を知らせ。」と事依さしき。次に建速須佐之男命に詔りたまひしく、「汝命は、海原《うなばら》を知らせ。」と事依さしき。

と記されているように、天つ神の「言依さし」は、伊耶那伎命の「事依さし」となっています。すなわち、『古事記』の創造原理は、「造化参神の構造とはたらき」が、「天神の命《みこと》」（先天性）となり、

「言依さしの言《みこと》」（目的）となり、「事依さしの事《みこと》」（仕事）となって成就します。そしてこれは、個人の自由意志に課せられています。

したがって、天照大御神が天の石屋戸に籠もったということは、海原を知らすべき速須佐之男命の行為が、「事依さし」の真意に反するクラゲナス状態だと判断した結果であると解釈できます。ここで生じるわざわいには、「妖」があてられています。それは、人間が自己の先天性を見失って、社会的な強さ・正しさ・良さ・名利などを求めて媚びたり、旗印にしたりして権力や利益を持ちたくなる状態です。すなわち、言意が乖離した状態を、『古事記』では「黄泉国」の認識としているのです。そこから逃げて、本来の「事依さし」の生き方をする事績として解釈することができます。（むしろ、『古事記』上巻はその集成とも言えます。）

以上のような観点から、Lさんに、「あなたの場合も、人間として誰もが経験する問題についてクラゲナスタダヨヘル状態に遭遇しているのだから、天の石屋戸開きの事績に学んでみましょうか……」と、次のような話をしました。

①「常世の長鳴鳥を集め、鳴かしめた」意義

悲しいことから逃げるのではなく、「長鳴鳥を集め、鳴かしめた」ように、「今の悲しいことに類する事柄が存在していたこと」を幼少時代にさかのぼって、人々との関係などもいろいろ思い出して、自分の心情やその後の状態を振り返ってみることです。そして、自然界を見ても「最も暗く温度の下がるのは夜明け前」ですから、安心して一人で思いっきり泣いたらよい。長鳴鳥が暁を告げて鳴くように、夜明けは必ず来るのですから。

でも、このような吟味もなくダラダラと悩んでいたのでは、朝になると寝てしまって、覚醒するということがありません。オスカー・ワイルドが、「悲しみの奥に聖地あり」と言ったように、深い悩みに陥ることは、新しい認識に止揚された生き方の生活が開けるきざしです。

②「思金神に思わせて、鏡を作らしめ、……珠を作らしめた」ということの意味

神々は、各自が分担している目の前の仕事をしました。つらいからといって、布団に潜り込んで寝ていては鏡も珠も作れません。夜はいくら泣いてもよいから、朝が来たら、授業に出て、アルバイトにも行きなさい。目の前にある自分の仕事をする以外に、天石屋戸は開かれないのです。すなわち、自分の心を自分が納得するように癒して新生する以外、方法はないのです。

③「布刀詔戸言祷き白して」(占と易は長くなるので略します。)

「自分たちの為し成した仕事はこれで良いのか」と、別天神・神世七代・二神国生みの御業を祝福し思い起こして、自己吟味することです。ちなみに、あなたと彼女の出会いが、どのような展開過程を持っているのかは、互いの認識による自由意志の問題ですから、「神様でも分からない」と考えます。もし、「妖」の認識のままであったなら、離婚して済ませられるような問題ではないかもしれないのですから、今、失恋したことは二人にとって、とても必要な経験であったと考えて自己吟味してみることです。

④「天宇受売命……天石屋戸に汙気《うけ》伏せて、蹈みとどろこし……」の行為

困難や悲しみは「節」です。「節がなければ、芽は出ない。枝葉も茂らない。偉大なる仕事はできない。」というのは、自然界や人生の「理《ことわり》」です。だから、心の底の天の石屋戸を開くつもりで、今までの気持ちを伏せて、「成果は神任せにして、ひたすら仕事を為している」と、自ずから今までの認識が新生した生活感情に止揚されると考えます。

⑤「高天原動《とよ》みて八百万の神共に咲ひき」の認識

「高天原」というのは、単なる空間ではありません。天空には水蒸気が立ち上り雲となり雨となって地上に降り注ぎ、豊かな大地・山野・海原となって生物を養い育てる。また、母親の胎内のように生命を育む環境の充実しているところも「天原」であり、それらの総称が「高天原」です。しかも、「並独神成り坐す」というように、天地同根の考え方です。

だから、あなたが真実の生き方になったとき、あなたの「天原」である環境や心の中には、造化の真実が芽生えてきて、周囲の人々それぞれが自己の個性を発揮して生き甲斐を感じ合うようになります。さらに、昔から、「笑う門には福来たる」とか「泣き面に蜂」と言われているように、「笑

いは和来《わらい》」となり「暗いは苦来《くらい》」となって、認識レベルの出来事が展開してくるのです。

⑥「汝が命に益して貴き神の坐すが故に、歓喜び咲ひ楽ぶ」のことば

楽しいときに喜び笑うことは誰でもできます。しかし、絶望のときに、希望を失わず喜び楽しむ心境で目の前の仕事をしていくことは、人間にとって最も価値ある創造的な芸術的行為です。「汝が命に益して貴き神の坐すが故に、歓喜び咲ひ楽ぶ」は、新たな認識への止揚を表わすことばです。ここから、あなたの新しい人生が始まるのです。

⑦天手力男神……「此より以内に還り入ること得じ」の決意

最後は、誰にも頼ることなく、自らの手（物事を為す手）の力で、自らの意志で扉を開くのです。そして、「再び天石屋戸に入ること得じ」という、断固とした決意が必要です。

Lさんは、半信半疑の顔で話を聞いていましたが、私自身の経験や今まで相談を受けた事例を話しているうちに、頷くことが多くなり生気を見せて帰っていきました。

Lさんはこの件について再び相談に来ることはありませんでした。しかし明らかに、それまでよりも堂々として落ち着きが出てきました。学習への取り組みにも集中力が出てきて、教育実習では指導の教師から高い評価を受けました。

卒業して小学校の教員になったLさんには、「古典に根ざしたことばを与える」指導の直観がは

たらいているようです。子どもたちを叱る場合も、固有名詞を問題にするのではなく、出来事や理《ことわり》の問題として考えるようにすると、子どもたちの顔がほっとした顔になったり明るくなったりする経験を報告してくれています。

三　メディアのことば

子どもたちには、自分たちの日常のことば遣いが、テレビやまんがの影響を受けているという自覚はあまりないようです。けれども、子どもたちが、「テレビやまんが、ゲームなどで使われていることば」だと回答したことばは、多くの子どもたちが日常的に使っていることばで、「友だちに言われて嫌なことば」にあげられていることばでもありました。

乱暴なことば・ののしることばでは、次のようなことばが多くあげられていました。

＊小学生男子の回答例

「バカでねーの」・「バカやな」・「バカヤロー」・「くそったれ」・「アホ」・「ウザイ」・「キモイ」・「ざけんじゃねー」・「ふざけるな」・「ちょうムカツク」・「死ね」・「ブチコロ」・「ブッころす」・「お前はもう死んでいる」・「消えろ」・「サイアク」

＊小学生女子の回答例

「ドジ」・「アホ」・「マヌケ」・「バカ」・「ウザイ」・「ムカツク」・「キモイ」・「クダラネー」・「うるせーな」・「ざけんじゃねーよ」・「サイアク」・「サイテー」・「ブチコロ」

＊中学生男子の回答例

「バカ」・「ウザイ」・「ムカツク」・「キモイ」・「ハゲ」・「くそー」・「コノヤロー」・「イライラすんだよ」・「ぶっ殺す」・「きさまぶっころ」・「そのまま死ね」・「Kill」・「おまえはもう死んでいる」・「調子のんな」・「ふざけんなよ」・「しかと」

＊中学生女子の回答例

「バカ」・「バカヤロウ」・「むかつく」・「きもい」・「ウザイ」・「うぜーんだよ」・「ざけんな」・「シカト」・「ぶっ殺す」・「死ね」・「消えろ」・「コノヤロー」・「失せろ」・「ヤバイ」・「サイアク」

学年や性別に関係なく、メディアのことばは、子どもたちの日常語として使用されていることが分かります。

また、ドラマのセリフやタレントのことばとして、多かったのは次のような回答でした。

＊小学生男子の回答例

「おもろいなあ」・「なんでだろうなんでだろう」・「なんでやねん」・「アイーン」・「ぜったい勝つってばよ」・「コマネチ」・「命」・「てめぇードタマかちわるぞ」・「うったえてやる」・「ていうか」

＊小学生女子の回答例

「はずい」・「アイーン」・「カモンチャ」・「マジで」・「てゆーかー」・「命」・「〇〇じゃん」・「〇〇でござるよ」・「〇〇て言うより……」

＊中学生男子の回答例

「バカ決定」・「一生やってろ」・「どうでもええねん」・「ゲソポタミア」・「なんでだろ」・「ぼくの世界は終わりゆく」・「すべてのなぞはとけた」・「犯人はお前だ」・「いささか」・「でってゆー」・

「しーっ。突入」・「残念、無念、また来週」

＊中学生女子の回答例

「アイーン」・「お前やばくない」・「しーっ。突入」・「ウオンチュー」・「でねーの」・「マジでじまマジでじま」・「スリーピース」・「てゆーかー」・「〇〇じゃん」

具体的なことばではなく、「コマーシャルの歌・ギャグ・関西弁・かえ歌・いばった言い方」などと記した回答もそれぞれの学年にありました。

メディアを通して、山形県の子どもたちが関西弁を日常的に取り入れているという現実も興味深い結果でした。

四　学校教育を超える影響力

子どもたちの回答文には、どのような乱暴なことばについても、罪悪感を示すような記述はなく、この項目の字体やイラストなどから、むしろ軽い気持ちで楽しく書いている様子がうかがわれました。子どもたちは、テレビやまんがで使われていることばに、あこがれや新鮮さを感じていて、そのことばを自分も使うことを喜ぶ傾向があるようです。それは、人間が先天的にもっている言語習得能力の発現でもあります。

メディアの影響を受けた日常的な乱暴なことば遣いには、年齢差や男女差がほとんどみられません。子どもたちに人気のあるテレビドラマでは、女性が男性的なことば遣いをする場合が多いので、現実のよびかけやあいづちの場面では、男子よりむしろ女子の方が、乱暴な言い方になっている場合があります。中学生女子の回答にもあるように、男子のいばった言い方を真似することにかっこよさを感じるという傾向のあることは見逃せません。

情報化時代の現代にあっては、さまざまなメディアからの影響を避けることはできません。例えば、「訴えてやる」、「慰謝料払え」などは、小学生の日常会話にも出てきます。
万引きで補導されたある小学六年生の男児は、動機を聞かれて、「先輩に『賠償しろ、慰謝料を払え』と言われたけど、お金がないので、万引きして払った」と答えました。「慰謝料」・「賠償」・「訴える」などのことばの意味を現実に理解することなく、そのことばを使うことによって大人社会の行為の模倣の満足感を味わうようです。しかし、それが店にとってはどれほど深刻な問題であるかの意識はなく、犯罪行為であるという実感もありません。したがって、罪悪感もなく、再び同じ行為を繰り返すことになります。

調査項目にはありませんでしたが、インターネットの影響も無視できないものになりました。大学生のレポートでは、インターネットから取り出した情報に表紙をつけてくるだけのようなレポートが大学教員の間でも問題になっており、そのようにならない課題を設定する工夫が求められています。ある小学校での作文の取材学習でも、子どもたちはパソコンの前でインターネットからの情報収集に集中していました。

現代の子どもたちは、ネットワークコミュニケーションを楽しみながらも、そこでの乱暴なことばや人を傷つけることばに悩んでいます。このように子どもたちの学習や遊びが、サイバースペースを中心として行われるようになると、生活に生きてはたらく感覚やコミュニケーション能力が弱くなります。

外界からの情報を受け取る感覚の働きは、自己の生存にかかわる重要性を持っています。感覚は、受容する情報の種類によって、「視覚・聴覚・臭覚・味覚・皮膚感覚・運動感覚・平衡感覚・内臓感覚」（中島義明他編『心理学辞典』有斐閣二〇〇一年）の八種類に分類されています。ＩＴ化の進んだ社会でこれらの感覚を働かせる習慣がなくなってくると、視覚的な情報によって、わかったつもりにさせる言語記号主体の教育が正当化されるようになります。

しかし、人間の生存に関わる感覚が正常に働かなくなったら、個人や社会の言語生活はどうなるのかという大きな問題があります。このような将来を見通した問題を考慮しながら、子どもたちにどのように対応するかが国語教育の課題となります。

第四章　周囲への要望と自己の発話意識

一　周りの人にお願いしたいこと

「話し方について、まわりの人におねがいしたいと思っていることがありますか。だれに、どのようなことをおねがいしたいですか。」という質問に対して、「ある」と答えた回答者は、小学生が六九・五％、中学生が六四・四％でした。

お願いしたいことのある相手については、次のような結果になりました。

小学生
①　友だちに　二六・七％
②　母親に　二五・五％
③　父親に　一三・八％
④　兄や姉に　一一・七％

中学生
①　母親に　二八・七％
②　父親に　一九・九％
③　友だちに　一八・二％
④　先生に　一二・五％

お願いしたいことは、複数回答可として、一六の選択肢から選んでもらいました。

小学生の上位五項目は、次のとおりです。

① 怒らないでほしい　五七・五％
② 悪口を言わないでほしい　四八・九％
③ 同じ事を何回も言わないでほしい　四五・四％
④ 他の人と比べないでほしい　四五・〇％
⑤ 一度にいろいろ言わないでほしい　三五・二％

中学生の上位五項目は、次のとおりです。

① 同じ事を何回も言わないでほしい　六一・四％
② 怒らないでほしい　五〇・一％
③ 他の人と比べないでほしい　四八・二％
④ テストの事ばかり言わないでほしい　四一・五％
⑤ 一度にいろいろ言わないでほしい　三六・八％

また、誰に、何をお願いしたいかについては、例えば中学三年生では、「母親」に対して、「同じ事を何回も言わないでほしい」・「他の人と比べないでほしい」・「テストの事ばかり言わないでほしい」などの要望がひときわ多い結果となりました。「父親」に対しても同様の要望がありますが、母親の三分の二、または半分程度です。「祖父母」に対する要望としては、「同じ事を何回も言わないでほしい」という項目が、一番多くなっていました。

「悪口を言わないでほしい」は、「友だち」に対する要望で、特に女子に多いことが特徴的でした。友人関係をめぐることばの問題について、子どもなりの深刻さがあらわれています。

個人の発話行為は、内的言語活動を主体とした映像でありますから、「どのような認識のレベルが、悪口を言うのか」という点から検討することが必要であり、同時に、「悪口を言われることをどのように解釈するか」という、解釈主体の創造的な認識のレベルの探求が、日常生活の常識となる必要があります。

語調と繰り返し

家族に対しては、「怒らないでほしい」という要望が一番多く、「やさしい言い方をしてほしい」という要望も、小学生で三四・九%、中学生で二九・五%あることからも、子どもに対する日常的なものの言い方が、威圧的で厳しい口調になっている習慣が推察できます。そのため、子どもたちは日常的に、大人から「怒られているような口調で」声をかけられていると感じていることがうかがわれます。

また、「同じ事を何回も言わないでほしい」と、「一度にいろいろ言わないでほしい」という要望の多さからは、習慣的に小言を繰り返す大人と、それをうるさいと感じているだけの子どもたちの惰性的で心の貧しい親子関係が浮かびます。

大人は、問題点を子ども自身にどのように考えさせるかという視点を欠いたまま、否定のことばを繰り返すので、子どもには、指摘されている問題点をどのように考えるかという現実的な思考ははたらかず、繰り返される小言に「自分の存在は否定されている」という実感を深めていくだけになりやすいようです。

成長とともに増えているのが、「うるさく聞かないでほしい」という要望です。小学生の頃と比較して中学生は、親に話すことが少なくなり、生活態度には親の理解できないことが増えてきます。親としては心配で、いちいち子どもに確かめたくなります。しかし、子どもが自立する過程では、そのような親の態度をうるさいと感じて、種々の問題を起こしたり逃げ出したくなったりする場合があります。

子どもの成長期には、このような心の傾向が生じることを十分理解して、例えば、篤農家が育てている植物の姿から、「今、何が必要なのか」を考えながら常に見回っているのと同じような対応の仕方が必要になります。子どもの成長を見守る親の信頼の気持ちは、必要なときに適切なことばかけや対応となって、子どもの心を開かせたり、自己認識の殻を破って本来の先天性に目覚めさせることがあります。

しかし、問題は、子どもの問題が「社会的にも困ったことになりかねない」、「このままだと将来が心配だ」と感じられる場合です。ここで考えておかなければならないことは、子どもの成長における「義務教育期」の意義です。

義務教育の間は、社会に出てからでは困るような問題でも、そのように考えている実感を大切にとりあげて、「なぜしてはいけないのか」、「どうして守らなければならない決まりや法律があるのか」などを、子どもたちのささいな経験の中で考えさせていくことが大切です。それは、義務感として教えるのではなく、めぐりめぐって自分自身が困ることや迷惑することになったり、自分の命の危険につながることがあるという事実を感じさせることです。家庭や学校で親や教師が、自らの経験やニュースなどを通して子どもたちに訴えていき、しかも、考え方の選択は、芸術的活動と同じように、自分の自由であることを知らせます。すなわち、自分がどのようになりたいかは、自分の決断と実践によって得られるというさまざまな事例を、古典や先人の話の中から示すことが必要です。

二　自分の話し方について気をつけていること

「自分の話し方やことば遣いについて、気をつけていることがありますか」という質問に対して、「ある」と答えた回答者は、小学生で三七・三％、中学生は四五・八％でした。中学生の方が、自分の話し方を意図的によくしようとする意識をはたらかせていることがわかります。

小学生では、「乱暴なことばを使わない」（三七・五％）という回答が一番多く、女子では、「相手を傷つけない」（三〇・五％）が二番目に多くなっていました。

中学生では、小学生と比べて「敬語を使う」という答えが多く、しかも女子（二六・七％）より男子（三一・一％）の数値が高くなっていました。

「乱暴なことばを使わない」・「相手を傷つけない」という回答には、次のような記述例があります。

＊「死ね」・「ボケナス」・「クソー」・「バカ」・「アホ」・「ドジ」・「マヌケ」・「ウザイ」・「ウルセー」・「ほざくな」・「身体障害者」・「はげ」・「殺す」・「ムカツク」・「サイテイ」とか、すぐ言わない。

（複数の回答をまとめた）

＊「けんかのもとになるようなことば」、「にくったらしいことば」を言わない。

＊人を傷つけないように、ひどいことばを使わない。
＊自分が言われて嫌なことは言わない。／相手の嫌がることばは言わない。
＊はやっていることばを使わない。／放送禁止用語は使わない。／男ことばを使わない。
＊機嫌が悪いときのことば遣いに気をつけている。／すぐキレない。
＊「ばかにしたような言い方」、「いやみな言い方」はしない。
＊あまりしつこくしない。／言いすぎに気を付けている。／いちいち文句をつけない。
＊兄を呼び捨てにしない。／妹に「でぶ」と言わない。／親に文句を言わない。／弟にあまり怒らない。

「男ことばを使わない」という回答は、高学年の女子に多くありました。

右の内容は、多くの回答に共通しているもので、子どもたちは、自分の発話行為をどのように改めなければならないかをよく承知していることがわかります。

「声の大きさや態度」に関することとして、次のような記述があります。

＊小学生男子の回答例
返事を「はい」と言う。／ゆっくり話す。／わかりやすく話す。／みんなに嫌われないように話

す。／いばった言い方をしない。／悪口を言わない。／すぐ怒らない。／悪いと思ったら謝る。／相手の話をよく聞く。／私語をひかえる。／友だちのお父さんお母さんに礼儀正しく話す。／先輩に気をつかう。／なまってしまうので気をつける。

＊小学生女子の回答例

ゆっくりはなす。／はっきりとはなす。／友だちが話してるときに話さない。／よく考えて話す。／大きい声ではっきり話す。／大きい声を出さない。／声の大きさを調節する。／悪口を言わない。／みんなに嫌われないように、なるべく明るく元気に話す。／自慢げに話さないようにする。／命令したりしない。／きつくいわない。やさしくいう。／よく話を聞いてやさしく話す。／気分によってことば遣いが違わないようにする。／男の子のような話し方をしない。／話している方をむく。「目」を見て話す。／何かしてもらったら「ありがとう（ございました）」と言う。／あいさつをしっかりする。／すぐ怒らないようにしているが、なおらない。／標準語でしゃべる。

＊中学生男子の回答例

早口言葉のように早く言わないようにする。／怒らないで話す。／図に乗って話さないようにしている。／ごうまんにならないようにしている。／つい強い口調で言ってしまう。／悪口をひかえる。／なまらないようにする。／山形弁を直す。／共通語でしゃべるようにしている。

＊中学生女子の回答例

はっきり言う（発音）／あまりきつい言い方にならないようにする。／おこらないで言う。／命令みたいな言い方にならないようにしている。／不良っぽいことばはやめる。／悪口を言わない。／なるべくプラスに物事を言う。／自分のことばかり話してしまうくせをなくす。／一方的な話し方をしないこと。／お母さんの口ぐせとか挑発とかに、つられないようにがんばっている。／なるべく岩手の方言を使わないようにしている。

認識の問題にさかのぼる

「嫌われないように話す」、「自慢げに話さない」、「命令しない」、「きつく言わない」などと記述しているように、子どもたちは、どのような話し方が相手を不愉快にするかよくわかっています。女子には、「男ことばを使わない」、「やさしく話す」などの記述が多かったことも、男ことばを使うドラマにあこがれる一方で、自らの日常生活ではそれとは反対の良さが実感されていることがあらわれています。

また、「すぐ怒らないようにする」、「物事をプラスに考える」、「ごうまんにならない」などの記述から、自分の発話行為の問題は自身の心理的傾向や認識から派生してくると考えて、自らの心理的傾向や認識の問題を反省し改めようとしている子どもがいることがわかります。これは、ことばの使用が必然的に自分の人格形成に関与していることを、子どもたち自身が直観していることのあらわれと考えます。

心がけているのになおらない

「悪口を言わないようにする」という記述は、学年に関係なく多かったことも特徴的でした。しかも、問題と思う発話行為を改めようと思いながらも、反射的・習慣的につい言ってしまう現実が書かれていて、「なかなかなおらない」と感じている子どもが多くいる実態が明らかになりました。子どもたちは、乱暴なことばや相手を傷つけることばを平気で言っているようでも、実際は、自己反省に複雑な思いのまま、使いたくないことばを繰り返しているのです。

したがって、国語教育では、目に見える発話行為の問題と同時に、このような心中を推察しながら、子どもたちが自分自身で発話行為を創造的に止揚していく態度を形成することが課題となります。それには、ことばの運用において実現するさまざまな力と、前述した交流分析の視点に着目することが求められます。

敬語と方言

学年があがるにつれて、「敬語」、「方言と共通語」などの使い方に関する意識が高まってきます。特に中学生になると、この点に関する記述が急に増加していました。

敬語に対する意識が高まるのは、中学生になってさまざまな人とふれ合う機会が多くなることや、先輩・後輩の関係が学校生活に強く定着してくるためと考えられます。

また、今回の調査対象である中学生は、山形県の中学生であったために、方言と共通語をめぐる意識の高さも特徴的でした。「なるべく方言を使わない」、「なまらないように注意する」という記述の中には、自分の地域の方言について述べている場合と、転校生が以前使用していた別の地域の方言をさしている場合とがありました。ともに、「できるだけ共通語で話したい」という中学生の希望の強さがうかがわれます。

ところが、敬語と方言の問題については、教師を対象とした調査とは対照的な結果になりました。「子どもたちの発話行為について問題と感じていること」で、「敬語が使えない」ことを指摘した中学校教師は、四三・九％でした。中学生への調査では、学年があがるとともに、「敬語を使う」ことを心がけているという記述が多くなっているにもかかわらず、教師には、生徒が敬語を使えない実態が問題視されるということは、場面に応じた使用ができずにいることや、敬語使用の対象が教師よりも上級生にむけられていることなどが考えられます。

また、児童・生徒の学年があがるとともに「なまらないようにする」・「共通語で話す」などの回答が増えています。しかし、教師への調査では、児童・生徒の方言を問題と感じていると回答した教師は皆無でした。

このように、学習者の学びたい内容と、教師の考える教育内容が乖離している点があることも明らかになりました。

このような結果から、地域に応じて必要な学習内容や指導の時期が異なってくることを前提として、眼前の児童・生徒に必要な国語力を定着させることが国語教育の課題となります。

三　好きなことば

「あなたの好きなことばを書いてください」という質問に回答した小学生は七一・七%、中学生は六五・六%でした。それらの回答例として、以下のような記述例があります。

「普通名詞・形容詞」で多かったことば

*小学生男子の回答例

遊び・つり・野球・焼き肉・魚・えび・おにぎり／ただ・得・金・成金・金持ち

友だち・親友・協力・友情・仲間／努力・夢・すなお・まじめ・笑い・命・気合い・天才・挑戦・

根性・勇気・信念・度胸・一生懸命・情熱・人生・虹・雲／

必勝・勝利・正々堂々・合格・最速・優勝・世界一・日本一／楽しい・すごい・すばらしい・かっこいい

＊小学生女子の回答例

金持ち／友情・友だち・親友・家族・お母さん・仲良し・助け合い・協力・思いやり・好き／努力・元気・やる気・幸せ・笑顔・勇気・幸福・自由・挑戦・夢・希望・夢中・根性・思い出・一生懸命・前向き・やさしさ・集中・未来・自信・美・光／合格・上手／きれい・かわいい・やさしい・楽しい・嬉しい・偉い・すごい

＊中学生男子の回答例

金運・金／友情・愛・親友・協力・友だち・家族／忍耐・根性・努力・希望・前進・自由・適当・一生懸命・幸運・開運・気合い・夢・情熱・集中・天才・楽・全力・飛翔・信頼・平常心・闘魂・挑戦・未来・青春・平常心／勝利・最強・優勝・百点・日本一・最優秀選手

＊中学生女子の回答例

思いやり・友情・友だち・仲間・協力・家族／夢・元気・愛・笑顔・希望・一生懸命・努力・楽・飛翔・謙虚・幸せ・親切／優勝・最高
やさしい・かわいい・嬉しい・楽しい

ここでは、男女による違いが顕著にあらわれています。

男子には、「金・金持ち・必勝・勝利・優勝・世界一・日本一・チャンピオン・天才」などのことばを回答した者が多く、金銭や勝負事に関する優位なことばを好んでいることがわかります。女子には、「家族・友情・愛・協力・幸福・幸せ・夢・希望」などを回答した者が多く、男子と対照的でした。子どもに対する、環境からのことばや期待が、男女によって異なっていることがうかがわれます。

「外来語（語句）」について

＊小学生男子の回答例

ラッキー・ナイス・ゲーム・ヒット・ホームラン・ゴール・レギュラー・リベンジ・メダル・サッカー・ハンバーグ・チャンピオン

サンキュー・ワンフォーオール　オールフォーワン・マイペース・ベストフレンド

＊小学生女子の回答例

ハッピー・ラッキー・スマイル・ラブ・ゲーム・ファイト・プレゼント・チャレンジ・スローリィ・ポジティブ・ピース・パーフェクト・バスケット

サンキュー・ネバーギブアップ

＊中学生男子の回答例

グッド・ナイス・ファイト・ホームラン・ドリーム・ワンダフル・サッカー・ジェントルマン・ポリシー・エンジョイ・ピース・フリー・ロマンス・ラブ
アイラブユー・マイペース・ネバーギブアップ・ワンフォーオール　オールフォーワン

＊中学生女子の回答例
ハッピー・ナイス・ファイト・スマイル・チャレンジ・ポジティブ・ドリーム・グッド・ピース・アバウト
オンリーワン・マイペース・ネバーギブアップ・ドンマイ・ハイレベル

一割前後の子どもたちが、外来語を回答しています。現代の子どもたちにとって、外来語は日常生活にとけこんで生活実感としての言語感覚がはたらいているようです。これには、現代社会の言語環境の影響もあると考えます。

ちなみに、大学生を対象とした調査では、外来語を回答した学生は、子どもたちの半分でした。年齢が下がるにつれて、外来語が日常感覚になっていることがわかります。

「挨拶・呼びかけ」のことば
「挨拶や呼びかけのことば」と分類されたもののうち、約六割が「ありがとう」でした。

日常生活で、「ありがとう」のことばの効用を実感していることがうかがわれます。

次に多かったのが、「がんばってね・がんばったな・がんばれ」の類でした。

「ありがとう」と「がんばる」が、子どもたちの環境で交わされる嬉しい挨拶のことばとなっていることがわかりました。

「ことわざ・故事成語」など

＊小学生男子の回答例
猿も木から落ちる・残りものには福がある・犬も歩けば棒にあたる・論より証拠・良薬は口に苦し・果報は寝て待て・豚に真珠・明日は明日の風が吹く・能ある鷹は爪を隠す・失敗は成功のもと・勝って兜の緒をしめよ・働かざる者食うべからず・カッパの川ながれ／一石二鳥・一攫千金・一日一善・心機一転・文武両道・有言実行・弱肉強食

＊小学生女子の回答例
猿も木から落ちる・当たってくだけろ・明日は明日の風が吹く・金は天下のまわりもの・失敗は成功のもと・捨てる神あれば拾う神あり・苦あれば楽あり・笑う門には福来たる・親しき仲にも礼儀あり／一石二鳥・一心不乱

＊中学生男子の回答例

善は急げ・他山の石・初心忘るべからず・悪事千里を走る・七転び八起き／一石二鳥・弱肉強食・文武両道・正々堂々・不言実行・有言実行・心身一如・一意専心・一攫千金・明鏡止水・一生懸命・以心伝心

＊中学生女子の回答例

失敗は成功のもと・たなからぼたもち・初心忘るべからず・ちりも積もれば山となる・二度あることは三度ある／一石二鳥・一期一会・十人十色・自業自得・無我夢中・一生懸命

四字熟語の回答は男子に多くありました。なかでも、「一石二鳥」、「弱肉強食」の多さが特徴的でした。

男女ともに共通して多いのは、「明日は明日の風が吹く」、「なるようになる」、「たなからぼたもち（たなぼた）」、「果報は寝て待て」などでした。

成り行き任せで僥倖を喜ぶという、楽天的で責任をもたない他力本願のような心理的傾向が浮かび上がりました。

生活の中で使われないことわざ

子どもたちへの調査結果から、子どもたちの多くは、自己の認識を止揚させる指針としてのことばを持っていないことがわかりました。このことは、教師への調査とも符合しています。

教師に対して行った、「特に心がけて子どもたちに話していること、又は、書き示していることばがありますか」という質問に対する回答率は、五割前後でした。これは調査項目の中でも一番低い回答率です。そのうち、小学校教師三七・九％・中学校教師二九・四％の回答が、「生活態度に関することば」でした。それ以外は、「教師自身の発話行為に関する心構え」と「発話行為に関する注意事項」を記したものでした。

「生活態度に関することば」で、特に多かったのが、「自分がしてほしくないことは他人にしてはいけない」ということばでした。他には、「チームワークを大切にしよう」、「友だちのいいところを見つけよう」、「みんな違ってみんないい」、「相手のことを考えて行動しよう」などがありました。

この調査では、教師が日常的に心がけて子どもたちに話していることばには、ことわざや故事成語のような、歴史性に継続した言語文化としてのことばが、ほとんどないという結果になりました。

小学校教師の集会で行われた「ことわざ」に関する一分間スピーチで、ある教師は、「具体的なことわざは、今、全然浮かんでこないのですが……、ことわざは、昔の人々の知恵をあらわしています。子どもたちにも、ことわざの大切さはしっかり教えるべきです。ことわざには、反対のものもあり、知っていると役に立ちます。」と、具体的なことわざではなく、ことわざを教えることの意義を話しました。このように、ことわざが単なる知識として与えられたり、子どもの問題点を指摘する時に使われたりすると、子どもたちは、ことわざや格言を拒否したくなります。

また、漫画やバラエティ番組で知った言い方を本当だと思っている場合があります。小学生の頃に読んだ漫画で覚えた「天才は忘れた頃にやってくる」を本当だと思い込んでいたり、「人を呪わば穴二つ」の穴を、二本足の人間が落ちる穴だ思い込んでいた大学生もいました。大人との日常会話から、先人の知恵を語り継いだことばが失われていることがうかがわれます。

四　具体的な人間の知識として

西尾氏は、「小・中学校の教育は本来人間形成の教育でなくてはならないのに、戦後のそれは具体的な人間の知識・技術ではなく、抽象的な知識・技術に傾いている。[15]」と指摘しています。例えば、ことわざや格言などは重要であるという知識が教えられるだけで、日常生活を通して現実にはたらく生きた知恵として認識させられることが少ないということです。

「ことわざには、正反対のものもあって役に立つ」という知識を教えるのではなく、「聞くは一時の恥聞かぬは一生の恥」ということわざの示す価値と同時に、「聞けば聞き損」という面が人間社会にはあることを、具体的な生活の中で感じさせることです。すなわち、教訓を教えるのではなく、創造的に認識を止揚する「理《ことわり》」を教えることです。

山形大学附属中学校のT教諭は、前任校で、中学一年生に『ことわざ文集』を作らせるという実践をしました。学習者が自ら調べたことわざの中から、各自が二つ選んで、それぞれにぴったり合うような経験を書いた作文を、クラス文集としてまとめました。生徒たちは、「情けは人のためならず」の本当の意味に驚いたりしながら、それぞれのことわざに照応するような経験を思い出し不思議がっていました。生徒たちが、自分自身の経験の中で生きることばを確認し、友だちの経験とともに解釈したことわざの学習は、日常生活に生きる学習活動になったと考えます。

私は、中学生の時、「百里を行く者は、九十里を半ばとす」ということばを、「最後まで油断しないように」という戒めのことばとして教えられて、大変驚いたことがありました。油断しない心がけとしてのことばならば、七十里でも八十里でも良いのに、なぜ、九十里なのだろうという疑問は、納得できない気持ちとともに残りました。

やがて、『徒然草』一〇九段（高名の木登りといひし男……）を読んだ時、このことばを思い出しました。そして、「九十里」としたところにこそ、このことばの意義があるのだと気づきました。

そこで、スポーツ番組での選手の談話を注意して聞いていると、まさにこの理《ことわり》を示している談話が沢山ありました。相撲では、「しめた！」と思ったら、投げ飛ばされていたという敗者の談話が多くありましたし、野球では逆転の場面をめぐってそのような心境が語られていました。大学もなく心理学という学問もなかった時代に、百里の道を行く者が、九十里まで来た時の心境に生じる隙を見事に看破し、その対処を教えたことばに感動しました。

そして、「勝って兜の緒を締めよ」ということわざも、「勝っても勝ちにおごって気を許さないで心を引き締めよ」という悠長な意味ではなく、「勝った！」と思った瞬間に兜の緒を締めるということではないかと考えるようになりました。ある高校で講演をした時、ふとこの話をしたら、生徒だけではなく先生方からも思いがけない反響がありました。すると、それまでは大会で優勝したことがないと言っていたのに、その後はいくつかの種目で優勝したという新聞記事を見るようになりました。

このような経験と感動を話していると、学生たちは、自ずから、自分自身の経験を振りかえって考えるようになります。自分の経験と符合させてみることは楽しい学習となって、必要に応じて発揮される生きた力となって定着します。

大学三年生を対象とした授業で、ことわざを扱ったとき、Mさんは、次のように書きました。

二年前の秋から冬にかけては、本当にさまざまな事がおこった。恋人と別れたことからはじまって、車で正面衝突の事故を起こし、自分の車も相手の車も全損。そして、ある日、大学に来ていた献血車に何気なく乗って献血しようとしたところ、異状を指摘されて病院へ行く。それから、半年の入院生活がはじまった。

「泣き面に蜂」のようで、さんざんだと思ったが、「人間万事塞翁が馬」だと自分を励ました。考えてみれば、自らの意志で献血しようと思わなければ病気の発見はなかった。放っておくと死につながる病気と言われた。まさに、「九死に一生を得た」ことになった。「誰かを助けられたら……」と思った献血がきっかけで、自分が助けられるとは思いもよらなかった。「情けは人の為ならず」ということばの意味をしみじみ感じた。

Mさんはこのような考え方で自らを励まし、主治医も驚くような治癒ぶりをみせました。

Mさんは、大学四年生の夏、景品でもらったホウセンカの種をカップラーメンの器に蒔きました。「種まきの時期が遅れたからだめかもしれない」と言いながら、しばらくして植木鉢に植え替えました。夏休みも欠かさず大学の資料室に通って、水や肥料をやっていました。枝葉が茂ってきたので、私は添え木をしておきました。秋になって教員採用試験の発表の頃、Mさんの合格を祝うかのようにホウセンカの花が咲きました。ホウセンカの幹は太くなって、雪の間も咲き続け、卒業式の日も華やかに咲いていました。ホウセンカの花は、就職したMさんが近況報告に来た五月半ばまで、可憐に咲いていました。

Mさんの事例のように、人類の生活の不易な理をあらわしたことばを、座右の銘としてもっているということは、事に臨んで自他を責めることなく、「理《ことわり》」や「認識のレベル」の問題と考えることができるので、個人に内在する力を最大限に発揮することができるようになります。そして、自然界の植物も、その認識に呼応するという事例も多くあります。

山形市立第十小学校のO教諭は、自分のクラスでもことば遣いに関する調査を試みて、子どもたち同士が互いの乱暴なことば遣いを問題と感じていることを知りました。そこで、「見つめよう考えよう　言葉と生活」という単元を計画しました。

まず、子どもたちが各自、最も興味のある「ことば調べ」のテーマを決定し、冬休みを利用して、本やインターネットで調べたり、家の人に聞いたりして自分なりに調べてきました。それをテーマ別に分かれたグループで各自が発表し、次の時間に全体で発表しました。

私は、グループ発表の授業を参観しました。子どもたちは、自分の日常生活における疑問や興味に基づいて各自が好きなテーマを設定しているので、誰もが生き生きと発表し、互いに質問や感想のやりとりをしていました。ところが、「方言」をテーマに話し合っていたグループで、最後に発表した子どもが、インターネットで調べたら方言は全国には通じないことがわかったので、「方言はない方がいい」と言いました。すると、それまで、祖父母や両親から方言について聞いてきたことを発表していた子どもたちは、方言のおもしろさや良さだけでは解決できない問題のあることに気がついて、一様に考え込んでしまいました。

すなわち、子どもたちは、身近な「暮らしの中のことば」を自ら調べて意識したとき、共通語の普及と方言の尊重という問題を、知識として簡単にわりきることができなくなったのです。この様子をめぐって、授業後の協議会では、子どもたちにうまく話し合う力がついていないという指摘がなされました。しかし、自分の調べた方言の良さを否定する発言に対して反論のことばに窮する状況になったのは、各自の内的言語活動によって思考がはじまり、ことばに対する主体的な意識が目覚めてきたあらわれであると考えます。そこで、話し合いが停滞した状況を否定するのではなく、そこに潜む良さを指摘していただくよう、アドバイスしました。

O教諭のクラスでは、このような「暮らしの中のことば」を再検討する学習経験を重ねていくうちに、人前で話せなかった子どもが自分の意見を言えるようになったり、友だち同士の乱暴なことばが少なくなったりしたそうです。授業を妨害する子どもの発話に同調する者もいなくなって、クラスの日常的な話しことばの問題が、自ずから沈静化してきたと言います。子どもたちの実感に根ざした学習活動は、日常の言語生活を変容させていくことがわかります。

伝達機能中心の国語教育の問題

言語の機能については、さまざまな分類と指摘があります。湊吉正先生は、言語教育論的な観点から、言語の本質機能について、次のようにまとめています。[16]

（1）内容伝達機能——言語記号の使用を通して、対象の意味内容を表示し伝達する言語の機能。（1→対物的意味機能、2→関説的機能、3→表象的機能）

（2）行動統制機能——目的を達成する上で有効ならしめるように、行動をさまざまに統御する言語の機能。（1→対人的意味機能の訴え的側面、2→動能的機能、3→道具的機能、統制的機能）

（3）言語関連機能——言語記号自体の表現やその調整に関連する言語の機能。（1→即自的意味機能、2→詩的機能、メタ言語的機能、3→想像的機能、表象的機能、発見的機能）

（4）文化創造機能——真に人間らしい広さと深さをそなえた価値的世界を創造していく言語の機能。（1→対物的意味機能、即自的意味機能、対人的意味機能の表現的側面、2→関説的機能、詩的機能、心情的機能、3→表象的機能、想像的機能、発見的機能）

（5）集団構成機能——多種多様な人間共同体を構成し、その集団的活動や相互活動を通して人間生活を保全し向上させていく言語の機能。（1→対人的意味機能の訴え的側面、2→動能的機能、交話的機能、3→相互作用的機能）

（6）　個体形成機能――個人を真の個体として確立させ、そのことを通して人間共同体に貢献させていく言語の機能。（3《ママ》→個体的機能）

今回の調査結果は、言語の内容伝達機能を重視してきたこれまでの国語教育の問題を示していると考えます。「伝え合う力」を高めることは必要なことですが、記号化された知識の伝達という学習活動で、学習者の内言領域の構造とはたらきには目が注がれず、学習者を客体にしていました。そのために、学習者の内言と外言が乖離することは当然のことでした。

学習者を主体と考える場合は、学習者の独自な内言領域、すなわち、記号化される以前の未分化な「ことば」を、表現主体の源泉とみることになります。国語教育の対象は、まさにその内言領域です。その観点がなかったために、言語の個体形成機能や行動統制機能についての意識が弱くなっていたと考えます。

そこから生じた問題の解決のためには、国語教育を、共時的観点からだけではなく、言語文化の不易性を共有する歴史的観点からもとらえなおさなければなりません。

第五章　子どもの味方になる見方による問題の解決

一　子どもの発話行為の問題

教師への調査項目⑩では、子どもの発話行為について、日常的に感じている問題点を自由に記述してもらいました。その結果を、次のように四つに分類しました。

① 話し方やことば遣いに関する問題　（小学校教師四三・〇%／中学校教師五〇・〇%）

一番多かったのは、「バカ、殺す、死ね、などの乱暴なことばが口癖になっている」という指摘でした。その他に、「発言するとき、おろおろしている」、「自分のことを名前で呼ぶ」、「自分の気持ちをなかなか言葉にできない」、「文として言わず、単語で話す」などがありました。

② 友だちとのコミュニケーションの問題　（小学校教師三一・〇%／中学校教師二一・二%）

「相手を傷つける言い方や、悪口が多い」という指摘が一番多くなっていました。その他に、「リーダー的な命令口調になる」、「よく友だちに嘘をつく」、「相手の話を最後まで聞かない」

などがありました。

③ 教師とのコミュニケーションの問題

「教師に対しても友だち同士のような話し方をする」、「敬語が使えない」など、教師に対することば遣いの問題が多くを占めていました。さらに、中学校教員には、「教師のことばにいちいち反発する」、「友だちと教師の話に応援のような形で割り込んでくる」などの記述が多くありました。

（小学校教師一二・〇％／中学校教師一九・二％）

④ 授業中の妨害

「授業中の教師の発話や他の子どもの発言の言葉尻をとらえてダジャレを言う」、「授業中の雰囲気を壊すような大声を出し、教師が嫌がる様子を喜んでいる」、「私語が大きく教師の話に割り込んでくる」などがありました。

（小学校教師一四・〇％／中学校教師九・六％）

子どものダジャレや授業中の大声などについては、周囲の子どもたちが喜んで反応するので、特定の子どもの問題がますますエスカレートしてくる現実が指摘されていました。

さらに、具体的な問題事例として、次のような記述もありました。（○印以下の部分は、対象となった子どもの学年や性別を示す。記述のない場合は、不詳）

＊小学校教師の指摘

○小学三年生（男）

授業中の教師の話や、他の子どもの発言の言葉尻をとらえて、ダジャレを言ったり、連想したことを大声で口に出したりする。周囲の子どもがそれに反応するので、授業の流れが止まってしまう。周囲の子どもが笑うことで、そのような思いつきの話が、「周囲を明るくさせる良いこと」のような印象がはびこり、真似をする子が出てくる。

○小学三年生（男）

教師やまわりの子に認められたくて、よく嘘を言う。飼ってもいないペットのことや、友人のうわさ話など、明らかに無理なことを言ってしまうので、みんなから信用を失ってしまっている。「おおかみとひつじかい」の話をして、その子へ対応している。

○小学三年生（男）

自分の非を認めず、攻撃的な言葉を投げかけてはトラブルを起こす。「自分だけが悪いんじゃない」、「オレは悪くない」、「アイツもやったのにどうしてオレだけ言われなきゃいけないの？」などと言い、素直に謝ることができない。この子の攻撃的な言葉に対し、負けじと対抗する場合が多く、けんかをするつもりがない子まで巻き込まれている。

○小学三年生（女）

休み時間などは、自分の思ったことを自由に話せるのだが、授業中になると、全くと言ってよいほど語らない。作文だと長く書き、日記には、音声言語で仲間とかかわり合いたいと書いている。母親が情緒不安定で、子どもが孤立している状況を見て、一緒に落ち込んでしまう。

○小学四年生（女）

自分のことを「おれ」と呼ぶ。友だちの悪い所ばかりが目につき、いちいち告げ口にくる。人を傷つける言葉をすぐ言い、自分が言われるとひどく傷つく。「自分のことは『私』と言った方が似合うよ」と言っても、「いいんだ」と言い返す。

○小学五年生（男）

授業中、「ぼくは生きている意味（価値）がない人間だ」とか、「死にたい」という発言を多くする。祖父母や隣人に会っても、あいさつ等せず、無関心な態度をとる。表情のさえない時が多く、気分にムラがある。幼少期を、祖父母に預けられてすごした。長男なので、期待はされているが、幼い頃から両親にあまりかまわれていない。

○小学五年生（男）

自分のことを「オレさま」と言い、攻撃的な話し方や呼び捨てをする。食事中、わざときたない言葉（うんち・おしっこ、など）を言う。気に入らないと、「切れた」と言って、一人、離れてしまう。「いじめられる」、「おこられる」を多用する。

○小学生・高学年

なにかにつけ「やりたくない」「めんどうくさい」と言って、授業を中断させる。大人の悪口が多い。自分の母親のことを、友だちの前では「おにばば」と言う。能力の高い子どもなので、周りの子どもに影響する。周りの子どもの一部が大人（先生・親・スポ少の指導者）の悪口を数多く言うようになった。

○小学六年生

自分の思っていることを言葉にできず、「別に何も思わない」、「どっちでもいい」と、よく言う。友だちに嫌なことをされても、言葉で言えず、だまってがまんする。がまんできずに、手足が出たり物を投げたりするときもある。周囲の子どもたちは、その子の意志に注意を払わないことが多い。「おまえだったらどっちでもいいね」、「○○に行こうぜ」のような言葉かけが多く、「どっちにする？」のような言葉かけは聞かれない。

＊中学校教師の指摘

○中学二年生（男）

人目をひきたい、強く見せたいという気持ちが強く、友人に、大声で乱暴な言葉で話しかける。「あいつ、うぜーと思わねぇ」など。ところが、きちんと話す時は、丁寧語で話せるが、声が極端に小さく、聞き取りにくい。周りは、その子の奇妙な言動をおもしろがってわざと言わせたり、イライラした時には、彼をつぶすために、さらに乱暴な言葉で言い返す、又は、無視するということがある。

○中学二年生（女）

授業に集中できず、すぐに私語をはじめる。近くの生徒が私語に加わらない時は、教師よりも大きな声で話をはじめて、注意をひこうとする。話の内容が、テレビやゲーム、他人の悪口など、他の生徒が興味をもつものが多く、何人かの生徒は同調してしまう。周りへの影響が大きい。

○中学三年生（男）

思ったこと、感じたことを、なかなか言葉に表せない。話し出すまでに時間がかかる。なかなか他の友だちに理解してもらえない部分があり、口で言えない分、行動であらわしてしまって、さらに誤解を受けるという悪循環になっている。

○中学三年生

不登校傾向の生徒だが、大変、丁寧な言葉遣いで話す。何か話しながら、「すいません」、「どうもありがとうございます」を意味もなく連発する。母親の話によると、家族と話すときとはまったく様子が異なるとのこと。よりよい自分の印象を与えようとつとめていることが原因と思われる。

○一昔前のこと

「（いい子）ぶっている」という言葉がはやって、正義と思われることが通らなくなったことがある。最近は、ほとんど使われなくなったので、教師としては、ありがたい。言葉の怖さを感じるエピソードである。

問題事例に共通していること

以上のような回答例から、子どもたちの言語行動の問題について、次のようなことを指摘することができます。

① 児童・生徒のさまざまな言語行動の問題は、自分のそのままが認められていないと思っている場合、嫌われることをしてでも「目立ちたい」、「認められたい」という気持ちから生じていることが多いようです。

したがって、それが教師や周りの子どもたちの注意をひき、教師がむきになってやめさせようとすればするほど、子どもの行為はさらにエスカレートしていきます。

② 一人の子どもの言語行動の問題は、周わりの子どもたちにまで影響を及ぼし、クラスの雰囲気や学習活動の成否に大きく関わってきます。

授業を妨害するような大声や、ダジャレなどを、周りの子どもが笑ったりすると、「皆が共感している」と考えて、同調者が増えてきます。そこには、授業中の私語や大声、ダジャレは、良くないことだけれども「かっこいい」という言語認識が成立しているので、放っておくと問題はますます深刻になります。このような言語認識による心理的傾向は、集団でのいじめや万引きなどにもあらわれる群集心理にも共通しています。

③ 教師の多くは、児童・生徒の言語行動の問題は、家庭の言語環境も要因となっていると考えているようです。それは、問題事例の記述に、その子どもの成育歴や家庭の言語環境について触れていた回答が多かったことからも推測できます。

子どもは、家庭方言社会という独自の言語環境で母語を習得し、それを基盤として独自の経験による解釈を積み重ねているので、日常、家庭で交わされることばの現実態は、そのまま子どもの言語行動と言語認識の形成に影響しています。

したがって、子どもたちの言語行動の問題に関する指導では、家庭環境の問題も考慮に入れた対応が不可欠となります。

④ 言語行動の問題点には、その子ども独自の言語認識のレベルと心理的傾向が反映しています。

したがって、子どもの言語行動については、あらわれた問題点を主体として考えるのではなく、どのような認識のレベルが、どのような心理的傾向と重なって、どのような言語行動の問題となっているのか、という因果関係の経緯を推測する必要があります。

乱暴なことば遣いや威圧的な言い方の問題が指摘されている子どもほど、傷つきやすく小心である場合があります。教師に丁寧な言い方をする場合も、幼少時代から本音と乖離した心理的傾向が強く、その場をつくろう方法として反射的に言っていることもあります。

大学生の場合でも、髭をはやしていかにも自信に満ちているように見える男子学生ほどストレスに弱く、事あるたびに胃を病んでいたということがあります。また、注意すると、素直に謝ったり、見事な言葉で反省を述べたりする者ほど、同じ問題を繰り返すという事実もあります。

したがって、子どもたちの言語行動の問題については、その些細な仕草や表情などから、その認識が言語化される経緯における心理的傾向に注意をはらって、是非善悪や優劣の尺度にとらわれず、その子どもの本音を出させることを心がける必要があります。

二　内言領域を主体とした指導事例

言語記号として文字や音声にあらわれた外言を子どもの真実と見ると、子どもの問題行動は実在するという観念が強くなります。しかし、問題行動は、内言の映像であって実在ではありませんから、問題を実在すると考えて子どもを良くしようとしても、問題は解決しないのが「理《ことわり》」です。言語記号にあらわれる以前の内言領域を表現の源泉として、子どもの真実の心がどのような経緯によって問題と思われる言動となってあらわれているのかを観ることが、問題解決の鍵となります。前著『国語表現力の構造と育成』(渓水社)のあとがきでは、この二つの観点の違いを、次のように述べています。

宴席で、他大学のある先生から、「駄目な学生をうまい推薦状でよく見せて就職させてしまうんだって」と、冷やかされました。そこで、私は、「駄目な学生ではありません。駄目に見えていた学生がよくなってから、就職していくんです。」と言いました。するとまた別の大学の先生が、「えっ! 学生がよくなるっていうことがあるんですか? どうするんですか?」とおっしゃいましたので、「それはもちろん指導するんです……」と言いかけて、ハッと思ったことは、私は、駄目な学生を指導してよくしているのではない、ということでした。

「個人の言語活動は独自の未分化な内的言語活動の映像である」と位置づけて、私が最も意を注いできたことは、三つ子の魂からの自己暗示によって内在価値感と断絶した認識のレベルの正常化をはかることでした。それによって内的言語活動が正常化すると、どの学生も自ずから本来の個性的なよさを発揮するようになります。私はそれを見て、ただ驚き、感動してきただけなのです。

内的言語活動を主体と考えるということは、真善美を求め、味わい、表現したくなる芸術性という、誰もが生まれながらに持っている、しかし、自己暗示によって隠されていた内在価値感が、本人の経験を通した覚醒によって活性化するという事実を見ることです。そのためには、古典から現代に流れる不易な教育観と、人間の脳の研究や自我状態の研究などの科学的判断によって、学習者の表現の源泉である内在価値感にはたらきかけることになります。

「古典から現代に流れる不易な教育観と、人間の脳の研究や自我状態の研究などの科学的判断によって、学習者の表現の源泉である内在価値感にはたらきかける」具体例とその効果については、これまでの著書でも紹介しましたが、この観点を示唆されたのは、大学生時代でした。

味方になって問いかける

私は大学生の頃、友人に勧められて、附属養護学校のN先生の授業を聴講しました。授業の参観に通い、先生方の作業教育などを手伝っていた頃、先生方の話が、大学院で国語教育の研究をはじめたばかりの私に、内言領域への着目を促しました。

N先生が、中学部主事になった年のことです。テストケースとして附属養護学校へ入学してきた

O男は、常に誰かと口げんかをしては暴力をふるうのでした。親も担任も持て余して、「Oは一分も黙っていないで、誰かに文句を言ったり怒鳴ったりしてけんかばかりしているので、顔が口ばかりに見える」と言っていました。ある時、O男が幾人もの友だちと大げんかをしておさまらなくなり、担任は主事であるN先生に何とかしてほしいと言って来ました。

N先生は、美術室にO男を呼び、二人で話し合うことになりました。

入ってきたO男に、N先生は「どうだ、けんかをして気持ちよかったかね」と聞くと、

「サイアクです」と言いました。

「でも君は、けんかが好きで、すぐ誰かとけんかしていると皆が言ってるよ」と言うと、

「けんかは好きでありません」と言うのです。

「そうか、先生もよくけんかをして叱られるので嫌だったな。でも、お母さんは君のことが好きだから、そんなにけんかばかりしてると、心配しているんじゃないかな」と言うと、

「お母さんは僕のこと大嫌いです！」と、吐き捨てるように言いました。

「えっ！　君のお母さんは君のこと大嫌いなの？」

「そうです」

「それは変だな」と言うと、O男は、はじめてN先生の顔を驚いた表情で見ました。

「君のことが嫌いなら、ご飯も食べさせるはずがないし……着る物も買ってくれるはずがないし

……いろいろ世話をするはずがないじゃないか？」と聞くと、黙ってしまいました。そこで、

「君のお母さんは、君と君の友だちではどちらが好きだと思うかね？」と言うと、

「僕のことは大嫌いで、友だちのことは大好きです。」

「どうして分かるの？」

「お母さんは僕のことを叱る時、いつも友だちのことをよくほめています。いつも友だちと比べて叱られます」と言うのでした。そこでN先生が、

「そうか、お母さんは友だちのことが好きなんだ。じゃ、友だちにおやつをあげたり、ごちそうしたり、好きなものを買ったりしてあげているんだろうね？」と言うと、これには驚いて、

「そんなことしていません」

「それはおかしいじゃないか……どうして、大嫌いな君にはご飯をたべさせたり洋服を買ってくれて、大好きな友だちには何もしてやらないのかね？」これには答えられなくなって、今まで見たこともないようにシュンとした表情になりました。そこで、

「もし、君がお母さんの大事な宝石などを持ち出して遊んでいたら……どうだろう？」

「こっぴどく叱られます。」

「どうして叱られるの」

「宝石はお母さんの大事なものだから駄目にされたら困るからです。」

「なるほど、お母さんは君よりも宝石の方が大事だから叱るんだね」

「はいそうです」

「ではお母さんは、例えば鼻をかんだチリ紙や汚くなったハンカチはどうする？」

「汚くなったら捨ててしまいます。」

「そうか、自分の物でも汚くなったら捨ててしまうのか……それなら、どうして大嫌いな君のことを捨ててしまわないんだろうね……」複雑な顔で答えられないでいるのを見て、

「誰だって、大切な物が駄目になったら困るから叱るんだよ……そうは思わないかな……」と言うと、O男は頷いたので、

「お母さんは誰よりも君のことが大好きなんだよ……それが分かったら、もう帰っても良い」と帰しました。

しばらくして担任が大変驚いた顔で美術室に入って来て、「N先生、なんて言って叱ったのですか？」と聞きました。

「いや何も叱らないよ、どうしたんですか？」

「Oは、教室へ入ってくると今まで見たことがないようにシュンとしていて、けんかをしていた相手に、『ごめんな、お母さんて本当は僕たちのこと大好きだったんだよな』なんて言っているんです。」

と言うので、

「それでは、今すぐ母親に電話をして、O君が帰ってきたら出迎えて『お帰り』と言ってもらって下さい」と依頼しました。

早速、電話をしに行った担任は、「N先生、駄目です。母親は、『Oがそんな殊勝なこと言うはずがない』と笑っていて、話になりません。」

「それでは、もう一度電話をして、玄関に顔を出すか、部屋から『お帰り』と言うかしてもらうように頼んでください」と言って、再度電話をしてもらいました。

夕方、子どもが帰ったと思われる頃には何も連絡がなかったのですが、ずいぶん時間が経って、母親から担任に電話が入りました。

「いつもは、帰って来てガラッと戸を開けると鞄を投げる音がしてすぐ出て行ってしまうのに、今日は、元気がなく戸が開いたので、おや？　と思って玄関に出てみると、O男は急に泣き出して『お母さんごめんなさい』と言うので、私も泣き出してしまい、二人で抱き合ったまま泣いてしまったのです。すぐお電話しなくてはと思ったのですが何もしゃべれなくなって今になってしまいました」ということでした。

それからのO男はすっかり変わってしまって、一度も争う姿がなくなりました。それまでのことがあるのでわざと殴りかかる子どももいたのですが、「殴ってもいいよ……そういうときがあるんだよなぁ」などと言うので、先生方も驚いていました。それ以後、高等部を卒業するまで一度も人と争うことがなくなっただけでなく、親が喜んでくれるのが嬉しいと言って、真剣に仕事をするようになり、就職していきました。

目の前にあらわれている問題の行動を実在と見るのではなく、子ども本来の良さが、どのような認識と心理的傾向によって、どのようにゆがめられているのかを観て、そのゆがみをただしていくと、内言領域の映像である外言としての言動が正常化されることがわかります。

学校から帰らない子ども

N先生が中学部に赴任した年、小学部一年生のP男は、下校時間になっても「帰らない！」と言っては、迎えに来た母親や担任を困らせることがしばしばありました。二学期になるとそれがだんだんひどくなり、ある日、P男は「絶対に帰らない！」と言って、教師や母親が何とか教室から連れ出そうとすると、教室の柱にしがみついて離れなくなりました。夕方になると、小学部の主事も担任も、「外で大事な会議がある」と言って、助手と母親に任せて帰ってしまいました。残っていた教頭先生もP男にはたらきかけましたが、頑として言うことを聞きません。どうにもならなくなった教頭先生が、中学部棟に残って仕事をしていたN先生に、「何とかやってみてほしい」と、頼みに来ました。

N先生は、三人を前にして、次のようにお願いしました。

助手は若い女性でしたので、「P君に、『もう暗くなってきたから、後は教頭先生にお願いして、先生は帰りますね。さようなら』と言って、本当に帰ってください。」と言いました。

教頭先生には、「『P君が帰らないって言うから心配したけれど、今日はN先生も学校に泊まるそうだから安心だ。先生は、帰るね。』と言ってください。」と言いました。

母親には、「『お母さんは、Pちゃんが本当に家に帰りたくなくて学校に泊まりたいなら、それでいいのよ。N先生も一緒だから安心して帰れるわ。今まで、お母さんは一緒に帰ろうと思ったけれど、Pちゃんが思った通りにしてくれた方が嬉しいわ。』と言って、バス停で待っていてください。P君が来たら、『バスがなかなか来なくて困っていたら、Pちゃんと一緒に帰れることになって嬉しいわ』と言って、喜びを態度であらわしてください。」と言いました。

教頭先生と母親が教室に行くと、P男は柱にしがみつきました。教頭先生と母親はニコニコしながら、決められたことを言って、「では、明日まで元気にね」と、頭をなでて帰りました。P男は、信じられないような顔で二人が出て行くのを見送っていましたが、彼の直感は、母親たちがどこからか見ているに違いないと信じているらしく、大きな声を張り上げて、「家になんか帰らないぞ！」と、何度も怒鳴っていました。しかし、校舎は、シーンとしたままです。

N先生は、P男が落ち着かなくなった様子を確かめてから、教室に行きました。P男は早速、柱にしがみついて、「誰が来ても帰らないぞ」と言いました。ところが、N先生が、「P君、大丈夫だよ。君が帰りたくないことがわかって、みんなが先生にP君のことを頼んで帰ったからね。学校はガラーンとして寂しいから、先生もP君が一緒に泊まってくれるというので、喜んでいるんだよ。先生はもう少し仕事をしてくるから、終わるまでここにじっとしていてね……」などと言っているうちに、P男は、パッと鞄をつかむと、「先生さようなら！」と言って、教室から飛び出して行きました。

このことがあってから、P男の母親はN先生を信頼するようになり、時折相談に来ましたが、N先生は、「他学部の問題には関わってならないことになっているので、ご相談にはのれません。でも、あの時の問題と、ご自分の考えや態度などを具体的に思い出して比較しながら、自分の心を検討していると、ひとりでに、どうしたらよいか分かりますよ」と言って、「問題の原因を自己吟味して対応すること」だけを説明しました。

P男の直感は、「どのような言動をすれば、母親や先生は困って、自分に注意をむけて存在を認めるか」ということを知っていました。その基盤には、「自分は親にとって困った存在らしい」、「自分は母親に嫌われている」という思い込みがありました。

N先生は長年の経験で、このような子どもの心の状態を熟知していたので、P男の直感を自己訂正することに主眼をおきました。すなわち、「母親の本音は、P男のそのままが大切な存在であると思っている」ことを、P男に実感させることでした。さらに、問題解決の経験を通して、母親自身が、「今までの自分の言動をどう改めていけば、P男に信頼感が生まれるか」と、日常の言語生活を吟味するようにし向けることでした。もし、N先生が、親切に相談にのっていたら、母親の自己吟味の力は発揮されず、直感もはたらかなくなって、問題は解決しなかったはずです。（N先生は、このような教育信条を、「忘れられる教師になる」ということばで表現されていました。学生時代の私は、「学習者主体」の内実を教師の側から述べたことばとして、感動しました。）

母親が、「N先生の助言によって成功した時の心境」と、「今、自分が子どもに対している心境」を自己分析して、自身の認識のレベルを止揚しながら子どもと対応していれば、その分析は直感を鋭くすることになります。母親は、本当にそれを実践したらしく、学校でのP男の態度が変わってきました。

以前は歌手だったP男の母親は、「P男が、電車に乗って出かけるときなど、実にすばらしい詩のようなことばを言うのですよ」と言い、いつもノートを持っていて、そのことばを記録していたそうです。その話に、知的障害があっても、内言領域が安定して直感の次元が変わると、種的先天性としての詩心がよみがえるのだと思いました。

P男の父親は著名人で家庭は裕福でしたから、P男は何もしなくても生活ができました。しかし、P男は養護学校を卒業して施設に入りました。母親がその様子を見に行ったときは、冬の雪山から椎茸栽培の材木を両手に持って運んでいるところでした。母親は、その姿に感動して、涙が止まらなかったと言います。

作業が終わって、二人だけになったとき、思わずP男を抱きしめて、「偉いわねぇ」と言いました。するとP男は、「お母さん、僕はね、家でおいしいものを食べているよりも、ここで働いている方が好きだよ。」と言ったそうです。このことばに、母親は感動したと言いましたが、それは、母親の人間観が止揚されたことでもあります。子どもは、このような母親の価値感情を実感できたからこそ、仕事の大変さに挑戦する喜びを味わいながら豊かな生き方をしているのだと考えます。

N先生のこのような指導によって、問題児と言われていた何人もの子どもたちが、「親や教師の信頼を実感する」と、問題の言動はなくなって、社会生活に参加できるようになっていきました。

三　方法の模倣ではなく「理《ことわり》」をつかむ

前述したP男の事例を通して、校内研究会では、「問題児への接し方」に、一つの結論的な方法が共有されました。しかし、先生方がこの方法の有効性を認めて三年ほど実践しているうちに、同じようなことを言っているのに効果のあがらない先生が多くなってきました。

N先生は、高等部の主事になりました。その頃、中学部に入って来たQ子は、親や先生方が叱ったり困ったりするのを見るのが嬉しそうなので、親も教師もほとほと困っていました。二学期半ばのある日、子どもを下校させて職員会議をしていた時、一人残っていたQ子は、職員室の前で「帰らない！」とわめき出しました。担任が出て行ってたしなめると、廊下に大の字に寝ころんだまま、歌うように「家になんか帰らないよ」と言っています。中学部の主事や、Q子が信頼している保健室の先生などが次々と説得にあたりましたが、らちがあきません。新任の校長先生は教育学の教授でしたので、自ら応対してみましたが、やはりうまくいきませんでした。

そこで、校長先生は、「ひとつ、N先生にやってもらいたいのですが」と職員にはかり、N先生が出ていきました。他の先生方には、「いくらN式でも、今度はだめだろう」というささやきもありました。

N先生はB子に、他の先生方と同じようなことばをかけて、二三分ほどで職員室に戻ってきました。直後、「先生さようなら！」という大きな声が聞こえて、Q子は足音高く帰ってしまったのです。N先生はQ子に、他の先生方と異なったことを言ったのではありませんでした。時間も誰より短かったのです。それなのに、なぜQ子は反応したのか。さすがに、先生方の真剣な検討がはじまりました。

方法を支える認識のレベル

前任の校長先生は、「N先生の方法はN先生独自の天才教育で、我々の求めているのは、誰がやっても同じ効果のあらわれる教育だ」と言って、その方法を否定しました。N先生自身は、「この教育はN式という固有名詞の方法ではなく、人間観の問題であるから、誰がやっても同じ効果があらわれる教育である」と説明していました。

P男の母親の場合は、子どもの問題によって自己吟味を深め、自らの認識や人間観が変容しましたが、先生方は、「このような場合は、このようにことばかけをすればよい」という方法だけを取り入れました。すなわち、教師自身の認識や人間観が変わったわけではありません。そのため、ことばでは子どもの言動を受容しながら、本音は「困ったことだ」と思っているのです。子どもは、教師のその雰囲気を、「自分は否定されている」と直感して、「それなら、もっと困ることをしてやれ！」という気持ちになったと考えられます。

ですから、困ったら教師の負けです。そこで、「どのような考え方になったら、本当に困らなくなるか」と、現象にあらわれた子どもの問題を「見る目」を、人間性の本質を「観る目」に止揚していく必要があります。そこから、「どのように対応したら、子どもは、自分自身の存在を価値あるものと感じるようになるか」という、具体的な方法の検討がはじまります。そして、子ども自身が、自分の内在価値感情を表現して生活できることを日常的に心がけるようになって心が安定してくると、主体的な言動が成立するのです。

四　国語教育の課題

以上のように、子どもにとって多様な言語環境の実態と、言語環境としての教師の発話行為や問題意識が明らかになりました。そこから、言語生活を地盤とした国語教育の課題が浮かびあがりました。それを、次のようにまとめました。

①　男女の言語意識の違いとその止揚

子どもたちの言語環境に対する意識や、自己の言語活動に対する意識には、成長とともに男女によって異なった傾向があらわれてくることが明らかになりました。言語環境に対して、男子は対人関係を中核とした自尊心を強くはたらかせて反応し、女子は感受性豊かに多様に反応しています。

性差について考える場合、身体的な要素を中心とする生物学的立場と、社会や文化において作られる性差を問題にする立場があります。後者については、「国語教材論―ジェンダーと国語教材―」(17)

などの論考で、国語としての課題が指摘され、教材選定への提言が行われています。今回の調査でも、言語環境に対する意識や自己の言語活動に対する意識の違いとしてあらわれた性別による違いから、ジェンダーの問題は、差別感ではなく、両性の特性を生かした国語教育の問題としてさらに検討される必要があると考えます。

例えば、文学的文章教材において、登場人物の心情を想像する活動の積み重ねに、性別が意識されているかどうかは重要な要素だと思われます。極論すれば、主人公が男性の作品を中心に、その心中を想像する活動の積み重ねは、自ずから男性のものの見方感じ方を探求し続ける学習活動となります。それが、日常の心理的傾向に影響を与えないことは考えられません。また、教師が、よかれと思って話したことが、子どもたちには多様に解釈されて、思いがけない反応を生じさせる場合も、性差による解釈の違いという要因が関わっていることがあります。

このように性差による違いを配慮しながらも、授業中のみならず日常の学習者に対する発話行為において、ジェンダーの問題や能力差、態度の問題などを止揚していく、個人によって異なる人間的な独自性を配慮した教材化とその指導が求められます。

② 言語環境としての大人と子どもの役割の違い

子どもにとって、親・祖父母・兄弟姉妹・教師・友だちという言語環境は、独自のプラス面とマイナス面を持って、人それぞれに異なった影響を与えています。

具体的な行為を見る親の目は、自分の都合で時と場によって異なった是非善悪の観点からのことばかけになりやすいものです。祖父母のことばは、子どもの存在そのものを認める発話はプラスに機能しますが、価値観や感情の違いによる否定のことばは、子どもに心理的断絶を生じさせています。また、兄弟姉妹間の容赦のないことばのやりとりには、言語環境や人間関係に対する理解力や耐性が育つ様子がうかがわれるので、一概に否定できないものがあります。

教師という言語環境の特質は、「一対多」の場面で交わされる発話が多いために、子どもによって異なったさまざまな感情を呼び起こす点にあります。しかも、子どもたちは、自分に向けられたことばだけではなく、クラスメートに向けられたことばに対しても敏感に反応しています。そして、一度思い込むと、その観念から解放されることは難しいようです。

今回の調査でも、教師に対する不満が全体的に強くあらわれているクラスがありました。教師の発話に対する不満は、行為や態度、服装にまで広がっていました。そして、発話を左右する教師の価値観や認識までもが、学習者に鋭く観察されていて、それが不信感や批判の対象となっていることは見逃せません。

友だちという言語環境には、大人からは得られない共感に基づいた励ましや元気が与えられるプラス面と同時に、ことばによって深く傷つけられるマイナス面もあります。交流分析によれば、それらの心の傷はコミュニケーションの成立に直接反映し、さらに生涯にわたって影響する問題の傾向を形成する場合も指摘されているので、深刻な問題を孕んでいます。

しかしながら、児童・生徒にとっては、教師のはたらきかけよりも、友人同士の話し合いや励まし合いが有効な一面があります。このような、立場による言語環境のもつ要素の違いを明らかに意識して、指導に活用することによって、学習者に応じた時と場に適切な指導が意図的に、臨機応変になされて、学習の成果をあげることになります。

③ 場面に応じた発話と解釈 ―教育対象の「室内語」―

他者から言われて「嬉しいと思うことば」と「嫌だと思うことば」の双方に記述されていることばがありました。

また、「嬉しいと思うことば」や「嫌だと思うことば」には、第三者にとってはなぜそう思うのかが理解できないことばがたくさんありました。

さらに、教師が良かれと思って注意している思いが伝わらず、「繰り返されて嫌なことば」として受け止められて、教師との断絶感を生じさせている現実も少なくありませんでした。

以上のような現実から、言語環境のことばそのものを善し悪しで判断できないことがわかります。すなわち、ことばに対する思いは、そのことばが発せられた状況や場面での、相手との関係や態度・

語調、日常の習慣などが関わってくるのです。したがって、そのような言語記号以外の心情的な要素を、国語教育の重要な内容として学習者に意識させる必要があります。

さらに、教師によって指摘されている教室における子どもの発話行為の問題点は、前述したように、母語を「室内語」として習得した子どもたちの当然の姿です。したがって、国語教育では、子どもたちの内的言語活動の現実態を正当なものと認めた上で、他者と心の通じ合う必要のあることを実感させ、通じ合うことばのすがたを主体的に吟味することが、社会を生きる豊かな力になると納得させなければなりません。そのために、場面に応じた言語活動の工夫と習熟を具体的に意図して教材化し、実践する必要があります。

④ 言語的暴力への対応

子どもたちは、家族や教師からの、感情的なものの言い方や威圧的な語調に傷つけられている場合が多くあります。特に誤解をされて適切な弁明ができない場合は、子どもたちの不満や不信感が、長く記憶に残ることになります。

さらに、友だち同士の「乱暴な言葉・存在を否定する言葉・悪口」などには、かなり辛辣で厳しいものがありました。そこには、テレビやゲームなどの影響力が大きいこともわかりました。子どもたちの多くは、自分も乱暴なことば遣いをする一方で、同じようなことばが自分に向けられることには、かなりのストレスを感じていました。

したがって、子どもたちの内面にはこのような悲しみが必ずあると考えて、対処していく必要があります。その場合、個人をとりまく言語環境を、創造的に芸術性を発揮して生きる場と考えた場合、まったく問題が存在しないという状況を実現させることは無意味です。個人は、誰もが他者と異なった独自の個人言語体系をもっていますので、言語を媒介としたコミュニケーションに齟齬が生じるのは、当然になります。したがって、国語教育では、言語の機能を解明し、現実のコミュニケーションに生じる問題をとりあげて、いかに対処するかを自己吟味させることが、言語生活を地盤としたことばのすがたをただす重要な教科内容になります。

また、子どもたち自身にも、「乱暴で他者を傷つけることばは使いたくない」という意識が、生活経験による認識の深まりとともに形成されていることも明らかになりました。乱暴なことばや悪口は言わないようにしようと心がけながら、やはり言ってしまうという、子どもたちの自己反省の実態は重要です。この微妙な心の動きと言語生活の実態をふまえて、日常的な話しことばと、それに対応する認識を、古典という言語文化の不易性や関連領域の専門分野に着目して共有させる教材によって、自己の人間としての尊厳性に目ざめさせていく必要があります。

⑤　個人の内面が言語化される過程への着目

子どもたちが、自分自身の発話行為についてさまざまなことを心がけていながら、うまくできずにいる現状は、個人の発話行為が自身の内面を表出する行為であるため、自己の内にないものは表出できないし、内にあるものは隠すことが難しいためです。また、ことばによる刻印が自己催眠のようにはたらいて、自分でもどうにもならないこともあります。したがって、発話行為の問題は、自己の感情や認識の問題に目を向けて、強い刻印から解放されて自ら認識を止揚させなければ、根本的に解決することはできません。

その意味で、教師には、子どもたちの言語行動を、どのような言語認識のレベルがどのような心理的傾向によって、どのような言語行動となっているのかという、「因果関係の経緯を見る観点」から観察する必要があります。同時に、教師自身が、自らの言語認識のレベルの止揚をはかり、心理的問題を解決する態度が重要になります。

その上で、個人の内面が言語化される過程にはたらくさまざまな要素を、脳科学の研究など他領域の知見を参考にしながら客観的に整理して、自らの経験をもとに現実に照応させて理解させ、意識させることが国語教育の重要な指導内容となります。

⑥ 教師自身の日常的な言語使用の意識

小学校の教師には「命令口調」が、中学校の教師には「ことば遣いの乱暴さ」が、教師と子どもの双方から指摘されています。

教師個人の発話にあらわれる対立的な優位観も、子どもの学年があがるにつれて、厳しく批判されるようになります。特に、男子に対する「ののしり」のことばや「存在を否定する」辛辣なことばは、言われた当人以外にもショックを与えていることがわかりました。また、女子の場合は、「容姿や服装」へのさりげないつもりの言及も、予想以上の抵抗感を生じさせている場合があります。

「教師の発話」について述べている子どもたちの文章はしっかりしていて、字も丁寧で揃っているものが多く、真剣に回答していることがうかがわれます。しかも、同じような内容がクラスに数枚ありました。教師の発話に、子どもたちがいかに敏感に反応しているかということは、教師の想像を超えているのではないかと推測できます。したがって、教師は、「自分はそうでないつもりでいても、そのように受け取られている可能性がある」ことを、知らなければなりません。

また、調査結果から、子どもたちとのコミュニケーションに心をくだく教師像が浮かびあがる一方で、子どもたちは、教師から「行為や態度」について指摘されることばを「嫌だ」と感じることが多く、両者の心理的な乖離がみられました。言語的交流の基盤には、さりげない言動にも心底からの相互の信頼関係が確立し、それが意識化されていなければ、さまざまな問題を派生させることになります。

さらに、小学校と中学校の教師に、発話や学習環境作りの基本的な観点の違いが浮かび上がりました。小学校の教師は子ども理解に主眼を置き、中学校の教師は進路を見据えて教科内容を理解させることに主眼を置いています。したがって、小学校を卒業して中学校に入学した子どもが、かなり異なった言語環境に身をおくことになる現実が理解できます。すなわち、中学校生活に適応できなくなる場合は、その原因の一つに、教師を主体とした言語環境の変化に対応できないでいることが考えられます。

国語教育では、子どもたちの学習を成立させる基盤として、教師自身の日常の言語行動が共有されていることが必要です。そのためには、教師自身が重要な言語環境であることを自覚して、教育内容と自らの言動を位置づける必要があります。

⑦　伝達中心の国語教育の問題

子どもたちは、自己をよりよく生きるための指針となる「言語文化の不易性を共有することば」を、ほとんどもっていないことがわかりました。教師に対する調査結果からも、子どもたちが主体性を発揮して生きる指針となることばが、日常的な発話にはほとんどないことが明らかです。

例えば、ことわざを教える場合も、ことわざの有効性を知識として教えたり、問題点を指摘するために用いたりすることはあっても、子どもの実際の生活にどのように生きてはたらいているかという具体的な事実の指摘は、日常生活の場面ではほとんどなされていないようです。ことばの指導と日常生活における発話行為が国語教育の内容として関連づけられていないために、子どもたちも、「乱暴なことばは使わないようにしよう」と思いながらも他者を傷つけることばの言い合いを止めることができない現実を、自己吟味できずにいるのです。これは、国語教育が、「具体的な人間の知識・技術ではなく、抽象的な知識・技術を教える」教科となっている結果と言っても過言ではありません。

言語の機能については、さまざまな分類と指摘があります。今回の調査結果では、国語教育が言語の伝達機能を重視して、個体形成機能や行動統制機能への配慮が弱かったことを示しています。そこから生じた問題の解決のためには、国語教育を共時的観点から考えるだけではなく、歴史性を踏まえた言語文化の不易性を共有する観点からとらえなおして、多様なことばのすがたの教材化を工夫する必要があると考えます。

野地潤家先生が、先覚者のことばとして引用されている、東京大学医学部沖中重雄教授の最終講義の一節に次のようなことばがあります(18)。

書かれた医学は過去の医学であり、目前に悩む患者の中に明日の医学の教科書がある。

まさに、「目前に悩む子どもの中に、明日の国語教育学の教科書の中身がある」と考えます。

さらに、野地先生は、「国語科は、なにをどうする教科なのかと問うことは、国語科にとって、永遠の課題でもある。そして、現下もっとも切実な根本問題である」[19]と指摘しています。このような観点にたてば、戦後の日本社会における人々の言語生活の問題や家庭教育の問題は、戦後の国語教育の一つのあらわれとしてみることもできます。そこで今、求められていることは、個人の言語活動は未分化な内言領域の映像であることを前提として、言と意が乖離しない国語教育の成立です。そして、このように時代と環境に応じて、流動的な深化を探求していくことは、間断もなく新生し発展していくことばのすがたを人類の文化とする国語教育の本質であると考えます。

引用・参考文献

1　小川雅子（二〇〇四）『言語認識の形成におよぼす言語環境の影響と問題点に関する研究』平成一四・一五年度科学研究費補助金基盤研究（C）（2）研究成果報告書

2　岡本夏木（一九八五）『ことばと発達』岩波新書

3　外山滋比古（一九七八）「日本語の論理」『日本語と日本文化』朝日新聞社

4　小川雅子（一九九六）『国語教育の根幹』溪水社

5　小川雅子（二〇〇三）『国語表現力の構造と育成』溪水社

6　Berne, E. ,1972, *What Do You Say After You Say Hello?* New York : Grove Press.

7　Stewart, I. ,1992, *Eric Berne,* SAGE Publications

8　西尾実（一九七五）『西尾実国語教育全集』第二巻　教育出版

9　Berne, E. , 1961, *Transactional Analysis in Psychotherapy,* New York : Grove Press.

10　繁田千恵（二〇〇三）『日本における交流分析の発展と実践』風間書房

11　東京大学医学部心療内科TEG研究会編『新版TEG』金子書房

12　小川雅子（一九九五）「教室方言社会の検討」『人文科教育研究』人文科教育学会

13　小川雅子（二〇〇三）『「生きる力」を発揮させる国語教育』牧野出版

14　倉野憲司・武田祐吉（一九五八）『日本古典文学大系1古事記・祝詞』岩波書店
15　西尾実（一九五一）『国語教育学の構想』筑摩書房
16　湊吉正（一九八七）『国語教育新論』明治書院
17　牛山恵（一九九六）「国語教材論―ジェンダーと国語教材―」『国語教育の再生と創造』教育出版
18　野地潤家（一九九八）『野地潤家著作選集第七巻』明治図書
19　野地潤家（一九七五）『国語教育原論』共文社
20　小川雅子（二〇〇四）「「ことばしらべ」と学習者の自己吟味」『日本語学』第二三巻六号　明治書院

あとがき

教員免許状取得のために私の授業を聴講していた他学部の学生が二人、学期の半ばにもかかわらず、「まじめに授業に出席しますから、必ず単位をください。」と言いに来たことがありました。(20)

理由を聞くと、「この単位を取っていなければ教育実習を受けられないことを知らなかったので、昨年は実習ができませんでした。今年もこの講義の単位がとれないと、また実習が延期になって、卒業できなくなってしまいます。」と言いました。そのように大事なことをなぜ知らなかったのかを尋ねると、「『履修の手引き』には書いてあったんですけど、意味がわからないので、そのままにしていたら、教育実習の申し込みに行った時、『だめだ』と言われて、初めてわかったのです。」と答えました。

学生たちの話を聞きながら、大学の入学試験で難解な評論や小説の文章を読み解いて入学したはずの学生が、「履修の手引き」の文章が難しくて理解できなかったということと、内容が理解できなかったのに、そのままにしておいた、という事実に驚きました。

小学校時代から国語の授業で文章読解の学習を重ね、大学では専門的な文献を読んでいるはずの学生たちの読解能力が、日常の暮らしの中では、必要な文書を理解する力としてはたらかなかった。しかも、学生たちには、大事な文章が理解できない場合の対処の仕方が身に付いていなかった。その結果、問題が生じて困ったら情にすがる、という安易な言語生活の態度が形成されていたのです。これは、日常の言語生活と乖離していた国語教育の結果であると考えさせられました。

国語の授業において、教師は、自らの計画した学習活動に学習者が主体的に的確に反応できれば、日常生活にも役立つ国語の力がつく、と考える場合がほとんどです。けれども、課題と方法を示されて取り組む学習活動における主体的反応は、真の「学習者主体」の活動ではありません。それは、「適応主体」という「客体的学習者」の活動です。したがって、的確に反応できることを目標とする国語学習では、未知の状況における対処の仕方は身に付かないということになります。その結果、「困難なことは放置しておく」、「問題が生じたら他人の情にすがる」という安易な言語生活の態度が形成されやすくなります。

この本で述べてきたように、言語使用の実態は、個人や環境によって、多様で独自な記号の活用と解釈を成立させています。家庭や職場、友だち同士や目的に応じた様々な集団などには、そこでしか通じない独自の言語使用の実態があり、それぞれに多様な方言社会のことばが存在しているのです。そのために、二人の学生たちのように、難解な評論文は理解できても、大学方言社会における「履修の手引き」のことばは理解できないということは、当然考えられることです。

したがって、子どもたちにとって必要な「ことばの学習」は、各種方言社会において機能していることばの実態とその教育力に気づき、自分自身の生涯を左右することばを意識することです。それは例えば、分かったか分からないかが言えて、分からないときはどうすればよいかを日常生活の態度として身に付けることです。そして、対人関係の問題や困難な出来事に遭遇しても、それをより豊かな言語生活を創造する課題と解釈する態度を常識とすることです。

このような「ことばの学習」は、学校における国語の授業だけで身に付くものではありません。日常の言語環境が、互いに個人の内言領域の動向を尊重しながら、さまざまな問題を、より豊かな日常生活の創造のための解釈とする、人間の芸術性を共有する場になっていることが望まれます。

調査項目８

Ⅸ　子どもたちの発話行為について、普段、問題と感じていることについて、あてはまるものを○で囲んでください。（五つ以内で）

ア　声が小さい　　イ　声が大きすぎる　　ウ　語彙が少ない
エ　語尾が明確でない　　オ　言葉遣いが乱暴　　カ　すぐ私語する
キ　返事をしない　　ク　あいさつをしない　　ケ　早口で聞き取りにくい
コ　造語を多用する　　サ　方言が多い　　シ　敬語が使えない
ス　まとまりのある話し方ができない　　セ　イントネーションがおかしい
ソ　発話のルール（挙手など）が守れない　　タ　人前では話せなくなる
チ　友人の悪口をよく言う　　ツ　性的な言葉を濫用する
テ　人を傷つける言葉が多い　　ト　テレビの言葉を多用する
ナ　その他（　　　　　　　　　　　　　　　　　　　）

Ⅹ　特に、言語行動が気になる子どもについて、できるだけ具体的にお書きください。

Ⅹ－１　その子どもの発話行為の傾向・問題点・原因など。

Ⅹ－２　周囲の子どもたちに与える影響など

ご協力ありがとうございました。

調査項目７

Ⅵ　言語環境を考慮して掲示している物が、今、教室や廊下（校内）にありますか。

①　ある　　②　ない

「①ある」と答えた方は、具体的にどのようなものですか。（複数回答可）

ア　詩、短歌、俳句など言語文化としての作品。
イ　子どもたちの作品
ウ　クラスや班の目標　（具体的に　　　　　　　　　　　　　　　　　　　　　　　　）
エ　新出漢字や話形など、学習内容にかかわるもの。
オ　読書案内や読書ノートなど、読書活動に関するもの。
カ　他の教科の学習に関連するもの
キ　他の教科での子どもたちの作品
ク　その他（　　　　　　　　　　　　　　　　　　　　　　　　　　　　　　　　　）

Ⅶ　教室や廊下に子どもの作品を張る（飾る）時、心がけていることがありますか。

①　ある　　②　ない

「①ある」と答えた方は、具体的にどのようなものですか。（複数回答可）

ア　全員の作品を平等に張り出す。
イ　できるだけモデルになるような良い作品を張るようにしている。
ウ　何を張るかは、子どもたちに決めさせるようにする。
エ　張る（飾る）位置と効果を考えている。
オ　作品に応じて、効果的な交換の時期を考えている。
カ　子ども同士でコメントが書けるようにしている。
キ　必ず教師の評語または○をつけるようにしている。
ク　教師の評価はできるだけしないようにしている。
ケ　その他（　　　　　　　　　　　　　　　　　　　　　　　　　　　　　　　　　）

Ⅷ　職場における教師の話し方や言葉遣いについて、感じていることを書いてください。（複数回答可）

ア　子どもに対する言葉遣いが、乱暴になりやすい。
イ　子どもに対する授業中の言葉遣いが、お願いするような口調になりやすい。
ウ　子どもに対する言葉遣いが、命令口調になることが多い。
エ　職員会議など必要な場面では発言せず、陰でのうわさ話や批判になりやすい。
オ　教師同士の呼び方が、公的な場面にそぐわない呼び方（あだ名など）になっている。
カ　教師同士の呼び方で、「先生」という敬称が不自然である。
キ　その他（　　　　　　　　　　　　　　　　　　　　　　　　　　　　　　）

ウ　問題点は、はっきり注意するようにしている。
エ　なかなか伝わらないときは、何度も繰り返す。
オ　周囲にいる人にも配慮して、言葉をかける。
カ　言葉遣いに注意している。（あてはまるものを○で囲んでください。）
・ていねいに　・強い調子ではっきりと　・やさしく
・親しみのある言い方で　・友だちのような言い方で　・方言で
・共通語で　・その他（　　　　）
キ　その他（　　　　）

Ⅲ　子どもが話しかけてきた時、いつも気をつけていることがありますか。
①　ある　②　ない

「①ある」と答えた方は、どのようなことを心がけていますか。（複数回答可）
ア　できるだけ丁寧に対応するようにしている。
イ　子どもの言葉を確かめながら聞くようにしている。
ウ　自分の表情や態度を受容的にしている。（あてはまるものを○で囲んでください。）
・視線を合わせる　・目の高さを同じにする　・頷きながら
・優しい表情で　・その他（　　　　）
エ　その他（　　　　）

Ⅳ　子どもたちとのコミュニケーションの取り方について、困っていることがありますか。
①　ある　②　ない

「①ある」と答えた方は、具体的にどのようなことですか。（複数回答可）
ア　忙しい時に話しかけてくる子どもへの対応
イ　子どもの話を最後まで聞かずに口を出してしまうこと
ウ　子どもの話が本当か嘘か判断に困ること
エ　子どもの話題が理解できないこと
オ　自分の言葉が本当に理解されているかどうかわからないこと
カ　その他

Ⅴ　現在、特に心がけて子どもたちに話していること、又は、書き示している言葉は、どのような内容ですか。

調査項目５

質　問　用　紙

言語環境に関するアンケート（B）

実施	月　日	担当学年	小・中・高　年	男・女

Ⅰ　教室における言語習慣について、注意をはらっていることがありますか。

①　ある　　②　ない

「①ある」と答えた方は、どのような場面で、どのようなことを習慣としていますか。

場　面	習慣としていること
ア　朝の始業時	
イ　授業の開始時	
ウ　授業中	
エ　授業の終了時	
オ　休み時間	
カ　給食の時間	
キ　終業時	
ク　掃除の時間	
ケ　その他（具体的に）	

Ⅱ　子どもに対して個別に言葉をかける場合、いつも気をつけていることがありますか。

①　ある　　②　ない

「①ある」と答えた方は、どのようなことを心がけていますか。（複数回答可）

ア　毎日、全員にことばかけをするように心がけている。

イ　できるだけほめるようにしている。

調査項目4

おねがいしたい人	おねがいしたいこと

8　テレビやまんがなどで使っていることばで、あなたもよく使うことばがありますか？

①ある　②ない

「①ある」と答えた人は、どのようなことばか、書いてください。

9　自分の話し方やことばづかいについて、気をつけていることがありますか？

①ある　②ない

「①ある」と答えた人は、どのようなことか、書いてください。

１０　あなたの好きなことばを書いてください。

ご協力ありがとうございました。

6　友だちに言われていやだと思ったのは、どういう時に、何と言われたことばですか？

どのような時に、何と言われた

7　話し方についてまわりの人におねがいしたいと思っていることがありますか？

①ある　②ない

「①ある」と答えた人は、だれに、どのようなことをおねがいしたいか、下からえらんで、記号で書いてください。

〔おねがいしたい人〕

ア　おとうさん　イ　おかあさん　ウ　おじいさんやおばあさん

エ　おにいさんやおねえさん　オ　おとうとやいもうと　カ　先生

キ　ともだち　ク　その他（だれのことか書いてください。）

〔おねがいしたいこと〕

＊　①から⑮までの中から、いくつ、えらんでもかまいません。

＊　⑯をえらんだときは、自分の思っていることを、ことばで書いてください。

① もう少し話を聞いてほしい　② すぐおこらないでほしい

③ やさしい言い方をしてほしい　④ にこにこして言ってほしい

⑤ おなじことを何回も言わないでほしい　⑥ 一度にいろいろ言わないでほしい

⑦ もっとはっきり言ってほしい　⑧ もう少し小さい声で話してほしい

⑨ もっとほめてほしい　⑩ しかってほしい

⑪ はげましてほしい　⑫ テストのことばかり言わないでほしい

⑬ ほかの人とくらべないでほしい　⑭ わるぐちを言わないでほしい

⑮ うるさく聞かないでほしい　⑯ その他（どういうことか書いてください。）

調査項目2

3　友だちに言われてうれしいと思ったのは、どういう時に、何と言われたことばですか？

どのような時に、何と言われた

4　家の人（家族）に言われていやだと思ったのは、だれから、どういう時に、何と言われたことばですか？

だれから	どのような時に、何と言われた

5　先生に言われていやだと思ったのは、どういう時に、何と言われたことばですか？

いつ（授業中・放課後など）	言われたことば

調査項目1

質　問　用　紙

言語環境に関するアンケート（A）

実施日	月　　日	学年	小・中・高　　年	男・女

1　家の人（家族）に言われてうれしいと思ったのは、だれから、どういう時に、何と言われたことばですか？

だれから	どのような時に、何と言われた

2　先生に言われてうれしいと思ったのは、どういう時に、何と言われたことばですか？

いつ（授業中・放課後など）	言われたことば

著者　小川　雅子（おがわ　まさこ）

1953年　佐賀県生まれ
1986年　筑波大学大学院博士課程教育学研究科単位取得退学
現　在　山形大学地域教育文化学部教授　山形大学附属幼稚園長
著　書　『国語教育の根幹』（溪水社、1996年）
『「生きる力」を発揮させる国語教育』（牧野出版、2001年）
『国語表現力の構造と育成』（溪水社、2003年）
『人間学的国語教育の探求』（溪水社、2006年）

生きる力を左右する

子どもたちの言語環境

平成16年８月１日　発　行
平成19年５月10日　第２刷

著　者　小　川　雅　子
発行所　株式会社　溪　水　社
広島市中区小町１－４（〒730-0041）
電話（082）246－7909
FAX（082）246－7876
E-mail:info @keisui.co.jp

ISBN 4-87440-830-3 C2081